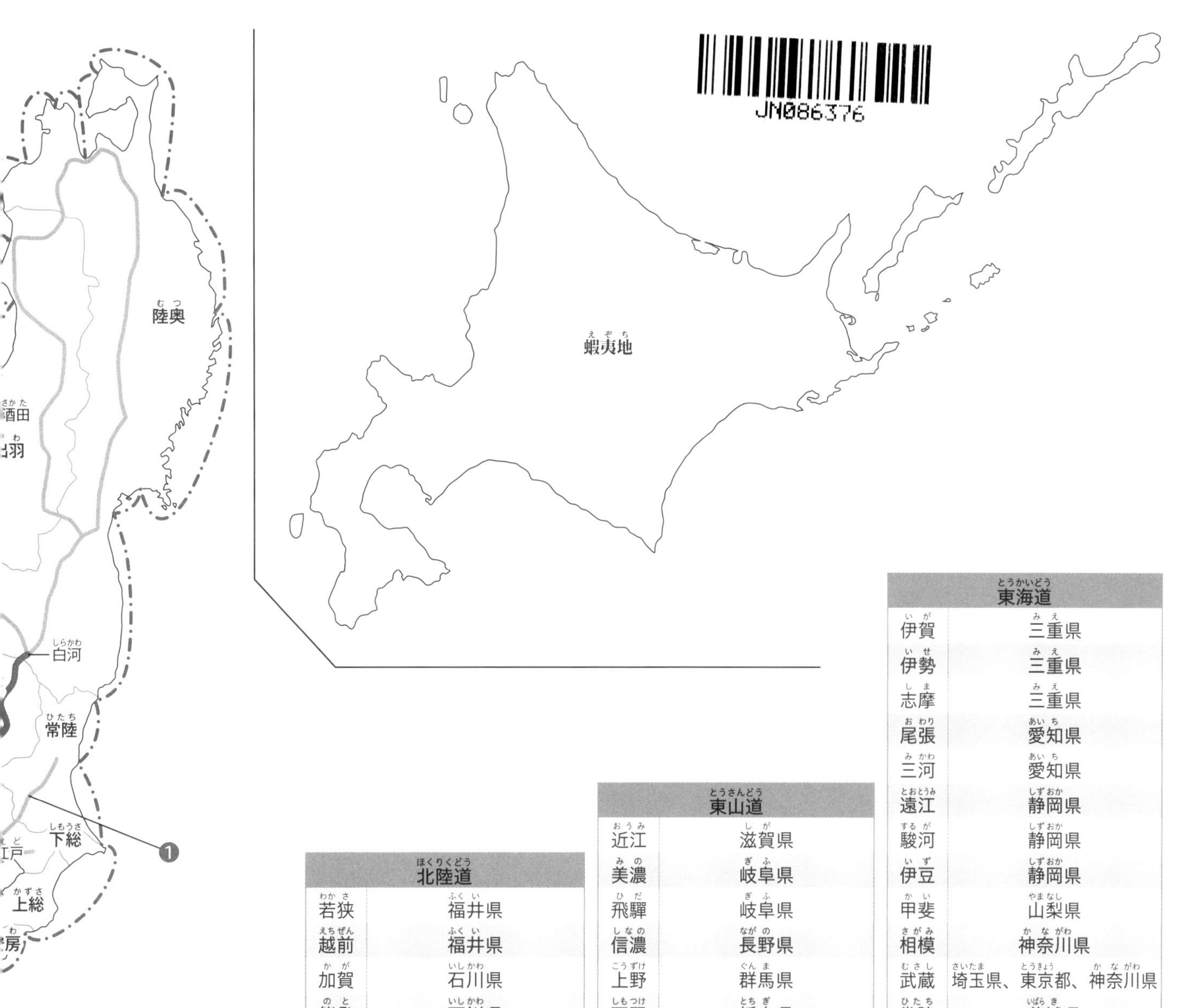

東海道	
伊賀	三重県
伊勢	三重県
志摩	三重県
尾張	愛知県
三河	愛知県
遠江	静岡県
駿河	静岡県
伊豆	静岡県
甲斐	山梨県
相模	神奈川県
武蔵	埼玉県、東京都、神奈川県
常陸	茨城県
下総	千葉県、茨城県
上総	千葉県
安房	千葉県

東山道	
近江	滋賀県
美濃	岐阜県
飛騨	岐阜県
信濃	長野県
上野	群馬県
下野	栃木県
陸奥	福島県、宮城県、岩手県、青森県、秋田県
出羽	山形県、秋田県

北陸道	
若狭	福井県
越前	福井県
加賀	石川県
能登	石川県
越中	富山県
越後	新潟県
佐渡	新潟県

西海道	
対馬	長崎県
壱岐	長崎県
筑前	福岡県
筑後	福岡県
豊前	福岡県、大分県
豊後	大分県
肥前	佐賀県、長崎県
肥後	熊本県
日向	宮崎県
大隅	鹿児島県
薩摩	鹿児島県

山陽道	
播磨	兵庫県
美作	岡山県
備前	岡山県
備中	岡山県
備後	広島県
安芸	広島県
周防	山口県
長門	山口県

南海道	
紀伊	和歌山県、三重県
淡路	兵庫県
阿波	徳島県
讃岐	香川県
伊予	愛媛県
土佐	高知県

山陰道	
丹波	京都府、兵庫県
丹後	京都府
但馬	兵庫県
因幡	鳥取県
伯耆	鳥取県
出雲	島根県
石見	島根県
隠岐	島根県

江戸時代大百科 6

江戸時代の文化

監修：小酒井大悟 東京都江戸東京博物館 学芸員

ポプラ社

江戸時代大百科 6

江戸時代の文化

もくじ

第4章◆絵画と建築

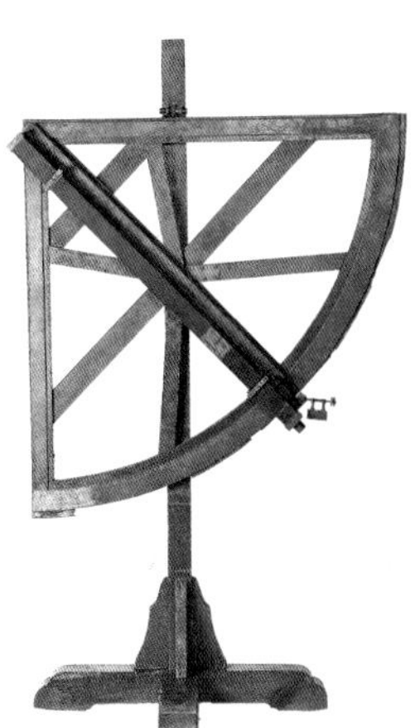

第5章◆学問

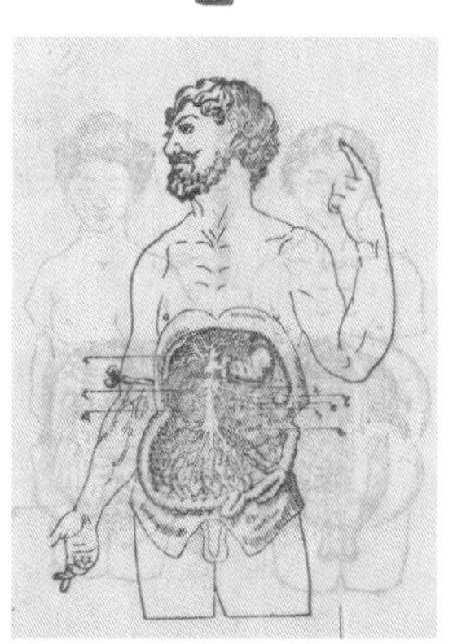

出典

表紙

①葛飾北斎 画「富嶽三十六景 神奈川沖浪裏」メトロポリタン美術館 蔵
②歌川花里 画「文学万代の宝 末の巻」(部分、加工)東京都立中央図書館特別文庫室 蔵
③栗本昌臧 跋『蝦夷草木図』国立国会図書館 蔵
④歌川花里 画「文学万代の宝 始の巻」(部分、加工)東京都立中央図書館特別文庫室 蔵
⑤葛飾北斎 画『画本東都遊 3巻』国立国会図書館 蔵
⑥歌川国貞 画「踊形容江戸絵栄」シカゴ美術館 蔵
⑦歌川国貞 画「今様見立士農工商」国立国会図書館 蔵
⑧東洲斎写楽 画「三代目大谷鬼次の江戸兵衛」シカゴ美術館 蔵
⑨歌川国貞 画「助六由縁江戸桜」アムステルダム国立美術館 蔵

扉(上から)

歌川国貞 画「助六由縁江戸桜」アムステルダム国立美術館 蔵
葛飾北斎 画「富嶽三十六景 神奈川沖浪裏」メトロポリタン美術館 蔵
歌川国貞 画「今様見立士農工商」国立国会図書館 蔵

もくじ(上から)

P.2 東洲斎写楽 画「三代目大谷鬼次の江戸兵衛」シカゴ美術館 蔵
本阿弥光悦 作「舟橋蒔絵硯箱」東京国立博物館 蔵
出典：ColBase(https://colbase.nich.go.jp/)
鈴木春信 画「夜雨神詣美人 見立蟻通明神」東京国立博物館 蔵
出典：ColBase(https://colbase.nich.go.jp/)
歌川豊国 画「中村座内外の図」国立国会図書館 蔵
P.3 歌川国芳 画「百種接分菊」国立国会図書館 蔵
与謝蕪村 筆『奥之細道 上巻』国立国会図書館 蔵
象限儀：千葉県香取市 伊能忠敬記念館 蔵
杉田玄白等 訳『解體新書 序圖』国立国会図書館 蔵

この本の使い方

『江戸時代大百科』は、江戸時代について知りたいテーマごとに調べることができるシリーズです。6巻では、江戸時代にどのような文化が生まれたり、発展したりしたのか、出版、芸能、絵画と建築、学問という分野に分けて紹介しています。

●本文中に「➡○ページ」や「➡○巻」とある場合、関連する内容が別のページや他の巻にあることを示しています。

●本書では、年を西暦で記しています。明治5年までは、日本暦と西暦とは1か月ていどの違いがありますが、年月日はすべて日本暦をもとにし、西暦に換算していません。元号を表記する必要があるときには、「寛永年間(1624～1645年)」のように西暦をあわせて示しています。

●この本では江戸時代について、おもに17世紀ごろを前期、18世紀ごろを中期、19世紀ごろを後期、とくに1853年ごろからを末期としてあらわしています。

絵画や写真

当時のようすをあらわす絵画や、現在に残る史跡の写真などを掲載しています。

●出典は

林子平『海国兵談 第一巻』国立国会図書館 蔵
①　②　③

①作者名　②作品名　③所蔵元のように示しています。

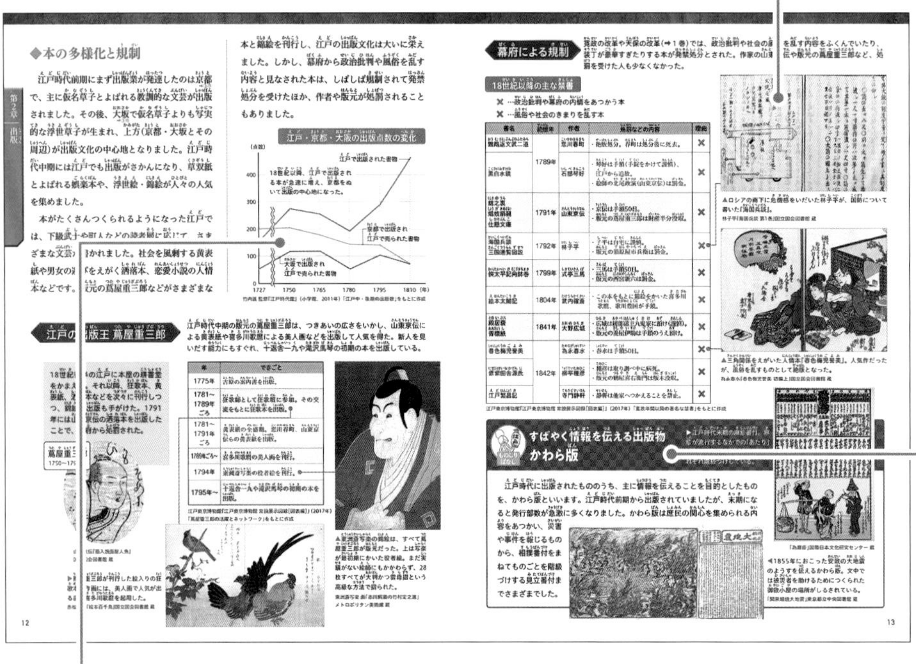

ものしりコラム

本編の内容にかかわる、読むとちょっとものしりになれるコラムを掲載しています。

●人物
江戸時代に活躍した人物について紹介しています。

●もの
江戸時代に生まれたり、かかわりがあったりするものについて紹介しています。

●こと
江戸時代におこったできごとや事件について紹介しています。

データや図表

●グラフや表では、内訳をすべてたし合わせた値が合計の値にならなかったり、パーセンテージの合計が100%にならなかったりする場合があります。これは数値を四捨五入したことによる誤差です。

●出典は

竹内誠 監修『江戸時代館』(小学館、2011年)「江戸時代の人口推移」
①　②　③　④　⑤

①著者・監修者名　②書籍などのタイトル　③出版社
④出版年　⑤グラフや図表のタイトル
のように示しています。

●44～45ページには、本編で紹介できなかったさまざまな文化を取り上げた「江戸時代のさまざまな文化」をもうけています。本文中に「➡P.45④川柳」とある場合、45ページの④に関係のある情報が掲載されています。

はじめに

このシリーズでとりあげる「江戸時代」とは、江戸に全国を治める幕府があった時代のことをいいます。関ヶ原の戦いに勝利した家康が将軍となり、江戸に幕府を開いたのが1603年。ここから最後の将軍・徳川慶喜が1867年に政権を返上するまでの265年間が江戸時代です。

それでは、江戸時代とはいったいどのような時代だったのでしょうか。もっとも大きな特徴は、平和な時代であったということです。1614～1615年の大坂の陣や1637年の島原の乱などをのぞけば、大きな戦乱がおこることなく、幕府の支配が長く続きました。これは世界の歴史のなかでも、たいへんまれなことでした。

こうした平和のもとで、江戸時代には経済が大きく発展し、ゆたかな文化が育まれていきました。今日のわたしたちが伝統的なものとしてとらえている産業や文化、ものの考え方や生活習慣のなかには、江戸時代にはじまったものが少なくありません。江戸時代は、わたしたちのくらしや社会の基礎になっているわけです。一方で現代には引き継がれなかったことがらも、いくつもあります。

このような江戸時代は、近すぎず、そうかといって遠すぎない過去であり、現代といろいろな面をくらべることができる、よい鏡といえます。江戸時代をふり返り、学ぶことは、現代のわたしたちのくらしや社会を知ることにつながりますし、よりよい未来を考え、創っていくうえで、活かせることや手がかりになることも見つけられるはずです。

このシリーズでは、江戸時代について幕府のしくみ、江戸の町、交通、産業、外交と貿易、文化といったテーマをあつかっています。6巻では、庶民をふくむ多くの人が芸術や学問に親しみ、担い手となった江戸時代の、さまざまな文化をみていきます。

このシリーズが、江戸時代のことに興味をもち、くわしく知ろうとするみなさんの、よい手引きとなれば幸いです。

縄文時代
約1万2000年前～約2500年以前

弥生時代
約2500年以前～約1700年前

古墳時代・飛鳥時代
約1700年前～710年

奈良時代
710年～794年

平安時代
794年～1185年

鎌倉時代
1185年～1333年

室町時代
1338年～1573年

戦国時代
1467～1573年

安土桃山時代
1573年～1603年

江戸時代
1603年～1867年＊

明治時代
1868年～1912年

大正時代1912年～1926年

昭和時代
1926年～1989年

平成時代
1989年～2019年

令和
2019年～

＊江戸時代を1868年までとしている年表もあります。

第1章 文化の広がりと変化

江戸時代の文化

幕府の支配のもとで安定した江戸時代には、出版、演劇、絵画、学問などさまざまな分野で発展が見られ、庶民も文化のにない手となりました。

◆平和な世に花開いた文化

文学や絵画、演劇、音楽をはじめとする芸術や、あるものごとを深く研究したり、考えたりする学問は、わたしたちの人生を豊かにしてくれます。江戸時代は、このような文化的な活動が庶民や地方にまで広がった時代です。

文化の広がりの基盤となったのは、江戸時代を通じてつづいた平和です。戦国時代や安土桃山時代には各地で争いがつづき、人々は明日自分が生きているかもわからない、不安定な環境で生活していました。江戸時代に入り、安心してくらせるようになったことで、人々はただ生きるのではなく、より楽しく、豊かな人生を送りたいと考えるようになりました。また、長く平和がつづいたことで都市の発展や交通網の発達、識字率の向上など、文化が発展し、広がる環境もととのいました。

このようななかで生まれた江戸時代の芸術作品や芸能、学問のなかには、現代まで受けつがれ、わたしたちに影響をあたえているものもあります。

▲江戸時代後期にえがかれた、江戸の芝居小屋、中村座(➡P.22)。老若男女を問わず、また、武士や町人の身分にかかわらず、人々は芝居見物を楽しんだ。

歌川豊国 画「芝居町繁昌之図」国立国会図書館 蔵

＊1滑稽…おどけていて、おもしろおかしいこと。

元禄文化と化政文化

幕府が開かれてからおよそ100年後の元禄年間(1688〜1704年)、上方(京都・大坂とその周辺)の町人を中心とする元禄文化が栄えました。文化・文政年間(1804〜1830年)には文化の中心が江戸へ移り、庶民を中心とする化政文化が栄えました。

元禄文化

幕府の政治が安定し、経済が発展した17世紀後半から、経済や文化の先進地だった上方の裕福な町人を中心に、はなやかで活気のある文化が生まれた。

時期	元禄年間(1688〜1704年)
場所	上方
にない手	大商人や富農などの裕福な人々
絵画・工芸	だいたんな構図やはなやかな色あいの作品
文芸	町人の生活を題材にした作品
演劇	人形浄瑠璃や歌舞伎が発達

▶女性がふり向くようすをえがいた菱川師宣画「見返り美人図」。

東京国立博物館 蔵

出典:ColBase(https://colbase.nich.go.jp/)

代表的な作品

『日本永代蔵』井原西鶴
『曾根崎心中』近松門左衛門
『おくのほそ道』松尾芭蕉
「見返り美人図」菱川師宣
「燕子花図屏風」尾形光琳

国立国会図書館 蔵

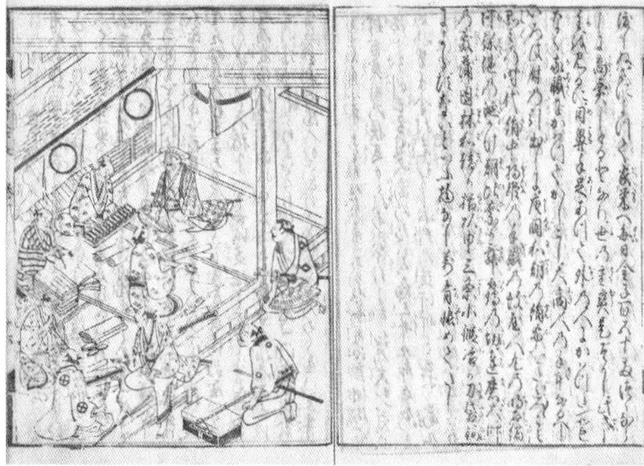

▶町人の生活や商売の工夫など、経済を題材にした『日本永代蔵』。

化政文化

18世紀半ば以降、経済の発展とともに文化の中心が江戸へと移った。庶民が文化のにない手となり、洗練されたものや、滑稽[*1]みが好まれた。これらの文化は交通網の発達(➡3巻)や書物の普及(➡P.12)、識字率の向上(➡P.34)などによって地方へも広まった。

時期	文化・文政年間(1804〜1830年)
場所	江戸
にない手	庶民
絵画・工芸	洒落た趣向をこらした作品
文芸	滑稽みのある作品
演劇	江戸歌舞伎の繁栄 落語が成立

▲ふたりの主人公による珍道中をえがく『東海道中膝栗毛』。

国立国会図書館 蔵

代表的な作品

『東海道中膝栗毛』十返舎一九
『南総里見八犬伝』滝沢馬琴
『東海道四谷怪談』鶴屋南北
「富岳三十六景」葛飾北斎
「東海道五十三次」歌川広重

◀葛飾北斎の代表作、「富岳三十六景 神奈川沖浪裏」。

メトロポリタン美術館 蔵

江戸時代の文化に関する人物とできごと

1688年　元禄　1704年

出版

- 1689年 松尾芭蕉が『おくのほそ道』の旅に出発。
- 1682年 井原西鶴『好色一代男』刊行。

芸能

- 1703年 近松門左衛門『曾根崎心中』初演。
- 1684年 竹本義太夫が竹本座を創設。
- 1673年❷ 市川團十郎による荒事のはじまり。
- 1652年 若衆歌舞伎の禁止。野郎歌舞伎へ移行。
- 1629年 女歌舞伎の禁止。若衆歌舞伎へ移行。
- 1603年 出雲阿国による歌舞伎おどりのはじまり。

絵画・建築

- 1709年 東大寺の大仏殿が再建される。
- 1701年ごろ 尾形光琳が『紅白梅図屏風』をえがく。
- 1662年 如慶が住吉派をおこす。
- 1649年ごろ 桂離宮がほぼ完成。
- 1636年 日光東照宮の本殿・陽明門が完成。小石川後楽園が完成。
- 1626年 狩野探幽が二条城の障壁画をえがく。
- 1615年 本阿弥光悦が光悦村（芸術村）を開く。

学問

- 1709年 貝原益軒『大和本草』刊行。
- 1685年 宣命暦から貞享暦への改暦。
- 1674年 関孝和『発微算法』刊行。
- 1657年 水戸藩で『大日本史』の編さんがはじまる。
- 1630年 林羅山が上野に家塾を創立（のちの昌平坂学問所）。
- 1607年 『本草綱目』が日本に伝わる。

主なできごと

- 1716～1745年 徳川吉宗による享保の改革。
- 1709～1716年 新井白石による正徳の治。
- 1685年～ 徳川綱吉による生類憐みの令。
- 1641年 オランダ商館を平戸から出島に移転。
- 1637年 天草四郎（益田時貞）による島原・天草一揆。
- 1623年 徳川家光が征夷大将軍になる。
- 1614年 大坂冬の陣、翌年の夏の陣で豊臣家が滅亡。
- 1603年 徳川家康が江戸幕府を開く。

❶鈴木春信の錦絵
「木馬遊びの子供と傘さし美人」
東京国立博物館 蔵
出典：ColBase（https://colbase.nich.go.jp/）

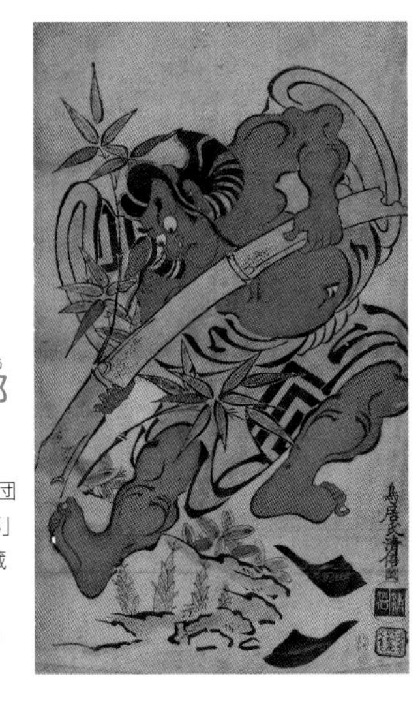

❷市川團十郎の荒事
鳥居清倍 画「市川団十郎の竹抜き五郎」
東京国立博物館 蔵
出典：ColBase（https://colbase.nich.go.jp/）

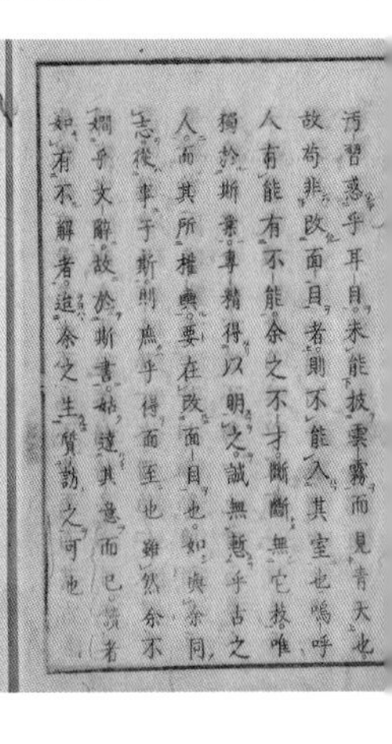

汚習惑乎耳目。未能披雲霧而見青天也。
故苟非改面目者、則不能入其室也。嗚呼
人有能有不能。余之不才。断断無它技。唯
独於斯業。専精得以明之。誠無慙乎古之
人。而其所権輿。要在改面目也。如與余同
志。従事于斯。則庶乎得面至也。雖然余不
嫺乎文辭。故於斯書。姑達其意而已。讀者
如有不解者。追余之生質訪之可也

❸『解体新書』
『解體新書 序圖』国立国会図書館 蔵

1804年	文化・文政	1830年

- 1852年 小林一茶『おらが春』刊行(成立は1819年)。
- 1833年 歌川広重「東海道五十三次」(保栄堂版)刊行開始。
- 1814～1842年 滝沢馬琴『南総里見八犬伝』刊行。
- 1802～1809年 十返舎一九『東海道中膝栗毛』刊行。
- 1791年 山東京伝『仕懸文庫』刊行。
- 1775年 恋川春町『金々先生栄花之夢』刊行。
- 1765年❶ 鈴木春信が錦絵を創始。

- 1842年 市川團十郎が江戸からの追放処分。
- 1825年 鶴屋南北『東海道四谷怪談』初演。
- 1798年 三笑亭可楽が寄席興行をおこなう。
- 1748年 竹田出雲『仮名手本忠臣蔵』初演。

- 1837年 渡辺華山が「鷹見泉石像」をえがく。
- 1815年 尾形光琳の百回忌。酒井抱一が『光琳百図』を刊行。
- 1783年 司馬江漢が日本初のエッチング(腐食銅版画)を製作。
- 1771年 池大雅・与謝蕪村による「十便十宜図」が完成。
- 1757年ごろ 伊東若冲が『動植綵絵』をえがく。

- 1824年 シーボルトが鳴滝塾を開く。
- 1821年 「大日本沿海輿地全図」が完成。
- 1798年 本居宣長『古事記伝』が完成。
- 1774年❸ 杉田玄白・前野良沢ら『解体新書』刊行。
- 1754年 山脇東洋が腑分け(解剖)に立ち会う。

- 1867年 徳川慶喜による大政奉還。
- 1853年 ペリーが浦賀に来航。
- 1841～1843年 水野忠邦による天保の改革。
- 1792年 ラクスマンが根室に来航。
- 1787～1793年 松平定信による寛政の改革。
- 1772年 田沼意次が老中に就任(1786年に失脚)。

ものしりばなし

江戸時代のマルチクリエイター 平賀源内(1728～1779年)

讃岐国(現在の香川県)生まれ。父の跡をついで姓を平賀と改めました。長崎に遊学したのち、家督を妹婿にゆずって江戸にでて、本草学を学びます。その後は、特産品の物産会を開いたり、戯作・人形浄瑠璃作品を書いたり、エレキテル(摩擦起電機)を修理したりと、はば広く活躍しました。

郵政博物館 蔵

▲1776年に源内が修理したエレキテル。長崎で入手したといわれている。

木村黙老『戯作者考補遺』(写) 慶應義塾図書館 蔵

▲源内の死後、本人を知る老人の話をもとにかかれた肖像。

第2章 出版

文化の発達をささえた出版業

江戸時代を通して、日本では多くの本が出版されました。これは、分業制にもとづく出版業の発達によるものです。そのなかから、多くの人に読まれる人気作品も生まれました。

◆出版の広まりと本屋の発達

江戸時代はじめの出版は、ヨーロッパや朝鮮からもたらされた活字印刷(凸型の活字をならべて印刷する方法)が主流でした。しかし、文字の種類が多い日本語では、活字の数が多くなりすぎるため、しだいに木版印刷(版木に絵や文字をほりこんで印刷する方法)がさかんになりました。木版印刷では分業制がとられ、工程ごとに別の人が作業をおこないました。木版印刷が広がると、文字が主体の書物だけでなく、木版画の浮世絵や錦絵もたくさんつくられました。➡P.18

完成した本や錦絵を売る店も増えていきました。こうした店は、江戸では専門的な書物を売る書物問屋と戯作や錦絵を売る庶民向けの地本問屋に分けられます。これらの江戸の問屋は、出版から販売までおこなう版元でした。このほかに、小売のみをおこなう小売本屋や本を貸す貸本屋もありました。貸本屋は本を得意先に貸してまわり、料金をとる商売です。買うよりも安い料金で借りることができたため、庶民によく利用されました。

版本のつくり方

手書きで内容を写した写本に対して、印刷された本、とくに木版印刷によるものを版本という。印刷の工程は細かく分かれており、依頼から販売までに、おおむね下のような工程があった。

❶執筆依頼　版元から作者に原稿の執筆を依頼する。

❷彫　検閲を受けたあとの下書きをもとに版木を彫る。

❸摺　彫られた版木を利用してそれぞれのページを紙に摺る。

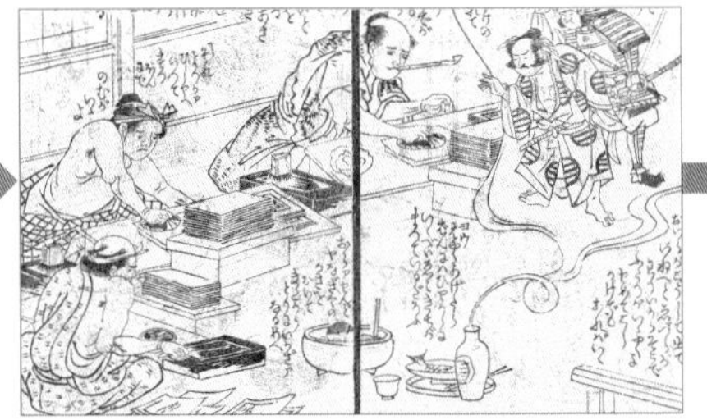

❺化粧裁　紙の天地左右を切ってはしをきれいにととのえる。

❻表紙掛　1冊分ずつ表紙で包んでまとめる。

❼綴　本の背を糸でぬいつけてはなれないようにする。

本を売る・本を貸す

江戸の町には、本を出版して売る本屋がたくさんあった。また、江戸時代中期から貸本屋が増え、本が買えない庶民のあいだでも本が読まれるようになった。

本を「売る」店

江戸では主に地本問屋と書物問屋が出版から販売まで手がけた。地本問屋は滑稽本・読本などの戯作や絵が主体の草双紙、書物問屋は仏書・歴書などをあつかった。

本の種類 地本問屋と書物問屋であつかう本の内容がことなっていた。

店舗 自分の店舗をもって営業していた。

▲江戸時代後期の地本問屋、魚屋栄吉が自分の店をかかせたもの。人気のあった役者絵や美人画を大きくはりだして人々の目をひいた。歌川国貞 画「今様見立士農工商」国立国会図書館 蔵

業態 出版までおこなっている版元もあった。

料金 庶民が買うのはむずかしい場合も多かった。

本を「貸す」店

江戸では、江戸時代中期から貸本屋が増えた。本をかついで得意先をまわり、期限を決めて料金をとった。期限を守らなかった場合には、よけいに料金をとることもあった。

店舗 店舗はなく本をかついで得意先をまわった。

▲十返舎一九著・画『倡客竅学問』にかかれた貸本屋の営業風景。かついできた本を下ろし、顧客の遊女に見せている。

貸し方 貸すときに期限を決めて料金をとった。

料金 本を買うよりも安く読むことができた。

「版本のつくり方」すべて 十返舎一九『的中地本問屋（1802年）』国立国会図書館 蔵

❹目合わせ・丁合

摺り終わった紙の折り目をととのえ、正しい順番にする。

❽卸 できた本を本屋におろす。

完成！

❾販売 本が売り出される。

◆本の多様化と規制

江戸時代前期にまず出版業が発達したのは京都で、主に仮名草子とよばれる教訓的な文芸が出版されました。その後、大坂で仮名草子よりも写実的な浮世草子が生まれ、上方（京都・大坂とその周辺）が出版文化の中心地となりました。江戸時代中期には江戸でも出版がさかんになり、草双紙とよばれる娯楽本や、浮世絵・錦絵が人々の人気を集めました。

➡③巻 ➡③巻

本がたくさんつくられるようになった江戸では、下級武士や町人などの読者層に応じて、さまざまな文芸が書かれました。社会を風刺する黄表紙や男女の遊びをえがく洒落本、恋愛小説の人情本などです。版元の蔦屋重三郎などがさまざまな本と錦絵を刊行し、江戸の出版文化は大いに栄えました。しかし、幕府から政治批判や風俗を乱す内容と見なされた本は、しばしば規制されて発禁処分を受けたほか、作者や版元が処罰されることもありました。

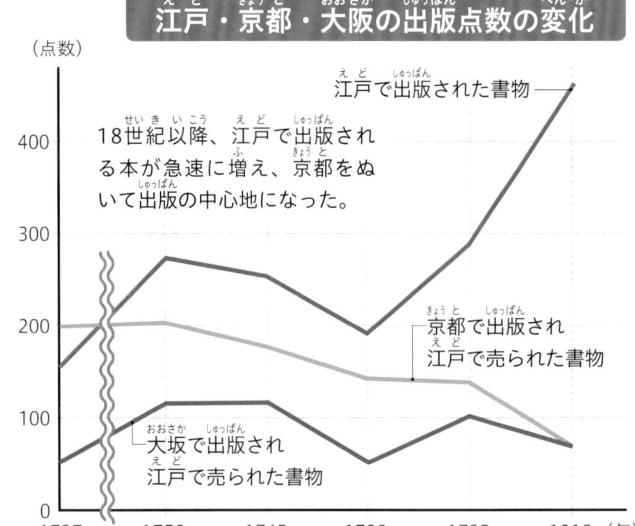

竹内誠 監修『江戸時代館』（小学館、2011年）「江戸中・後期の出版数」をもとに作成

江戸の出版王 蔦屋重三郎

江戸時代中期の版元の蔦屋重三郎は、つきあいの広さをいかし、山東京伝による黄表紙や喜多川歌麿による美人画などを出版して人気を得た。新人を見いだす能力にもすぐれ、十返舎一九や滝沢馬琴の初期の本を出版している。

18世紀後半の江戸に本屋の耕書堂をかまえる。それ以降、狂歌本、黄表紙、洒落本などを次々に刊行しつつ、錦絵の出版も手がけた。1791年には山東京伝の洒落本を出版したことで、幕府から処罰された。

蔦屋重三郎
1750～1797年

山東京伝『箱入娘面屋人魚』
国立国会図書館 蔵

年	できごと
1775年	吉原の案内書を出版。
1781～1789年ごろ	狂歌師として狂歌壇に参加。その交流をもとに狂歌本を出版。
1781～1791年ごろ	黄表紙の全盛期。恋川春町、山東京伝らの黄表紙を出版。
1789年ごろ～	喜多川歌麿の美人画を刊行。
1794年	東洲斎写楽の役者絵を刊行。
1795年～	十返舎一九や滝沢馬琴の初期の本を出版。

江戸東京博物館『江戸東京博物館 常設展示図録［図表編］』（2017年）「蔦屋重三郎の活躍とネットワーク」をもとに作成

▶蔦屋重三郎が刊行した絵入りの狂歌本。作画には、美人画で人気が出る前の喜多川歌麿を起用した。
赤松金鶏『絵本百千鳥』国立国会図書館 蔵

▲東洲斎写楽の錦絵は、すべて蔦屋重三郎が版元だった。上は写楽が最初期にかいた役者絵。まだ実績がない絵師にもかかわらず、28枚すべてが大判かつ雲母摺という高級な方法で摺られた。
東洲斎写楽 画「市川鰕蔵の竹村定之進」
メトロポリタン美術館 蔵

幕府による規制

寛政の改革や天保の改革(➡1巻)では、政治批判や社会の風俗を乱す内容をふくんでいたり、装丁が豪華すぎたりする本が発禁処分とされた。作家の山東京伝や版元の蔦屋重三郎など、処罰を受けた人も少なくなかった。

18世紀以降の主な禁書

✖ …政治批判や幕府の内情をあつかう本

✖ …風俗や社会のきまりを乱す本

書名	絶版年	作者	処罰などの内容	理由
鸚鵡返文武二道	1789年	恋川春町	・絶版処分。春町は処分後に死去。	✖
黒白水鏡		石部琴好	・琴好は手鎖(手錠をかけて謹慎)、江戸から追放。 ・絵師の北尾政演(山東京伝)は罰金。	✖
錦之裏 娼妓絹籭 仕懸文庫	1791年	山東京伝	・京伝は手鎖50日。 ・版元の蔦屋重三郎は財産半分没収。	✖
海国兵談 三国通覧図説	1792年	林子平	・子平は自宅に謹慎。 ・版元の須原屋市兵衛は罰金。	✖
俠太平記向鉢巻	1799年	式亭三馬	・三馬は手鎖50日。 ・版元の西宮新六は罰金。	✖
絵本太閤記	1804年	武内確斎	・この本をもとに錦絵をかいた喜多川歌麿、歌川豊国が手鎖。	✖
殿居嚢 青標紙	1841年	大野広城	・広城は綾部藩主九鬼家に預け(謹慎)。 ・版元の菱屋伊助は手鎖のうえ預け。	✖
春色梅児誉美	1842年	為永春水	・春水は手鎖50日。	✖
偐紫田舎源氏		柳亭種彦	・種彦は取り調べ中に病死。 ・版元の鶴屋喜右衛門は版木没収。	✖
江戸繁昌記		寺門静軒	・静軒は他家へつかえることを禁止。	✖

江戸東京博物館『江戸東京博物館 常設展示図録[図表編]』(2017年)「寛政年間以降の著名な禁書」をもとに作成

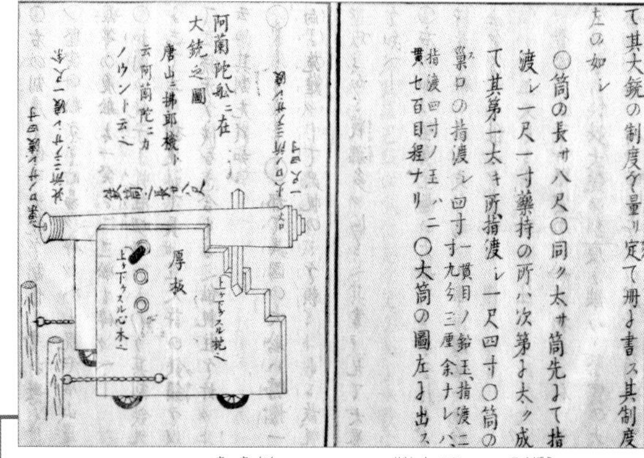

▲ロシアの南下に危機感をいだいた林子平が、国防について書いた『海国兵談』。

林子平『海国兵談 第1巻』国立国会図書館 蔵

▲三角関係をえがいた人情本『春色梅児誉美』。人気作だったが、風俗を乱すものとして絶版となった。

為永春水『春色梅児誉美 初編上』国立国会図書館 蔵

ものしりばなし　すばやく情報を伝える出版物 かわら版

▶江戸時代末期の麻疹番付。麻疹が流行するなかでの「あたり」の商売と「はずれ」の商売を、それぞれ階級づけしている。

「為麻疹」国際日本文化研究センター 蔵

江戸時代に出版されたもののうち、主に情報を伝えることを目的としたものを、かわら版といいます。江戸時代前期から出版されていましたが、末期になると発行部数が急激に多くなりました。かわら版は庶民の関心を集められる内容をあつかい、災害や事件を報じるものから、相撲番付をまねてものごとを階級づけする見立番付まで、さまざまでした。

◀1855年におこった安政の大地震のようすを伝えるかわら版。文中では被災者を助けるためにつくられた御救小屋の場所がしるされている。

「関東類焼大地震」東京都立中央図書館 蔵

さまざまな読み物

17世紀以降、日本の出版文化はめざましく発展しました。そのなかで、物語を楽しむ読み物がたくさん生みだされ、多くの人に読まれました。

◆読み物のさらなる多様化

江戸時代には、物語性のある読み物としての本が、たくさん出版されました。江戸時代のはじめに、教訓的な内容の仮名草子が出版され、それをもとに17世紀後半の大坂で浮世草子が生まれました。これは、町人の生活を題材にしたもので、大坂の経済発展にともなって町人に本が広まったことで、多くの人に読まれました。また、江戸時代中期以降に出版文化が栄えた江戸では、生活のようすをおもしろおかしくえがく滑稽本、恋愛を題材にする人情本など、さまざまな内容の本が生まれ、読者層を広げました。江戸時代の中期から後期にかけては、歴史や伝説を題材にした読本という本格的な小説もあらわれました。

一方、文章ではなく絵を主体とする草双紙も、18世紀以降の江戸で多く出版されました。最初はおとぎ話などを題材にしていましたが、しだいに大人向けの内容になり、風刺のきいた黄表紙が生まれました。黄表紙が寛政の改革➡①巻で規制の対象になると、仇討ちなど幕府の意向に沿う題材が増え、物語性が高くなっていきました。

▲江戸時代に出版された草双紙。草双紙は赤本(左)、青本(中)、黒本、黄表紙(右)があり、対象の読者がちがっていた。

(左)『ふんふく茶釜』(中)市原鬼童『臥夜黒牡丹』以上2点 国立国会図書館 蔵
(右)十返舎一九『滑稽しつこなし』静岡市立中央図書館 蔵

読み物の種類と流れ

江戸時代を通じて、日本ではさまざまな種類の本が出版された。読者の需要や幕府の意向に応じて、内容は少しずつ変化し、それにともなって形式にも変化があった。

…京都・大坂で発達　…江戸で発達

仮名草子

出版文化が発達する最初の段階で、ひらがなをつかって書かれた読み物。教訓的な要素をふくむものが多い。

『東海道名所記』浅井了意(17世紀半ば)

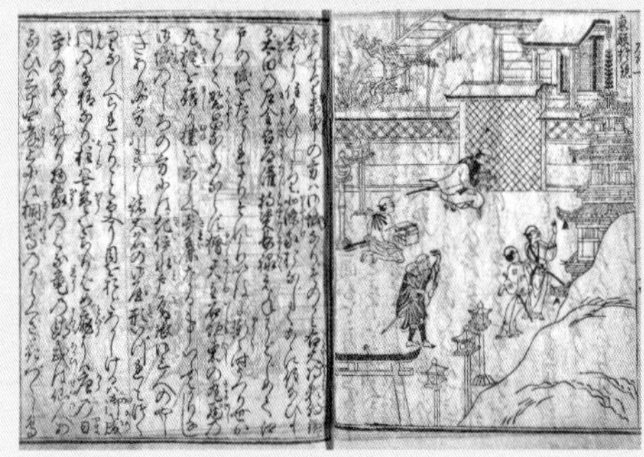

▲仮名草子の『東海道名所記』。旅をしながら名所を紹介する物語で、後世の旅行記に影響をあたえた。

浅井了意『東海道名所記 巻1』国立国会図書館 蔵

↓

浮世草子

仮名草子から発展したものだが、教訓的な要素はとりのぞかれた。町人の日常生活を題材にした現実的で娯楽的な内容。

『好色一代男』井原西鶴(1682年)
『日本永代蔵』井原西鶴(1688年)

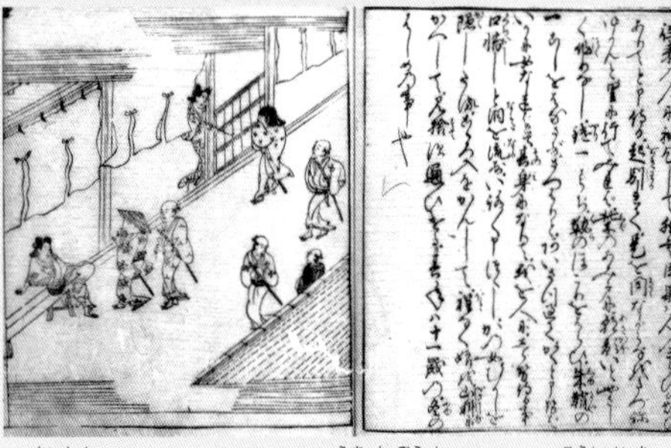

▲西鶴によるはじめての浮世草子である『好色一代男』。主人公の世之介の女性との関係をえがく。

井原西鶴『好色一代男 巻1』国立国会図書館 蔵

洒落本

江戸の遊里のようすや、遊女と遊客のやりとりなどを書いた短編小説。遊里で生まれた美意識である「通」の精神をえがいた。

◀深川の遊里の風俗をえがく『仕懸文庫』。のちに禁書とされ、作者・版元が処罰された。

山東京伝『仕懸文庫』 東京都立中央図書館 蔵

『傾城買四十八手』
山東京伝（1790年）
『仕懸文庫』
山東京伝（1791年）

滑稽本

洒落本や黄表紙が寛政の改革で弾圧されたのちに生まれた。江戸の町人の日常生活をおもしろおかしくえがいた。

『東海道中膝栗毛』十返舎一九（1802〜1809年）
『浮世風呂』式亭三馬（1809〜1813年）

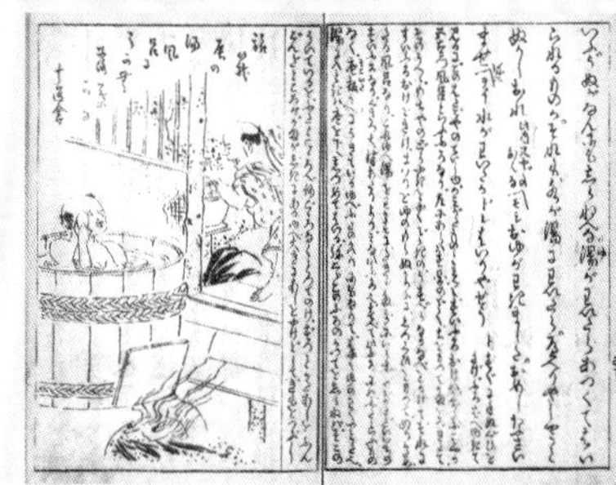

十返舎一九『浮世道中膝栗毛 初編』国立国会図書館 蔵

▲滑稽本の流行のきっかけとなった『東海道中膝栗毛』。弥次郎兵衛と喜多八の旅行での失敗などを笑いをもってえがいた。

草双紙

赤本　青本　黒本

大きな挿絵入りの読み物。最初に出版された赤本はおとぎ話などを題材にした子ども向けの読み物だった。その後、黒本や青本では歌舞伎や浄瑠璃の物語をもとにしてやや大人向けの読み物になった。

寛政の改革で（1787〜1793年）規制

黄表紙　草双紙の一種。政治や世相を風刺をおりまぜてえがき、大人向けの読み物とした。一部の本が寛政の改革で規制を受けたあとは、教訓的なものが増えた。

『金々先生栄花夢』恋川春町（1775年）
『黒白水鏡』石部琴好（1789年）

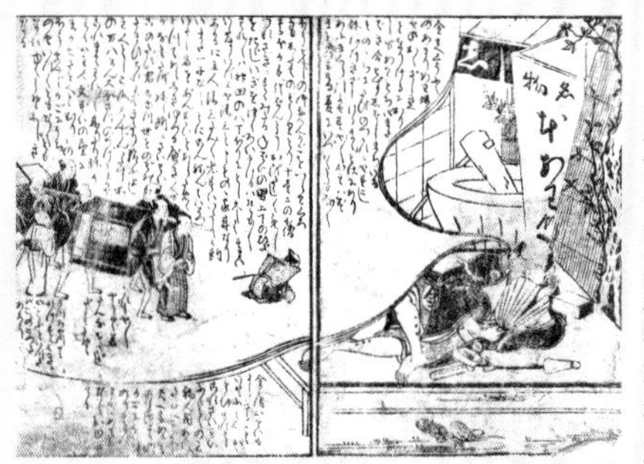

◀黄表紙の形式を確立した『金々先生栄花夢』。主人公が見る夢のなかで、江戸の世相を風刺した。

恋川春町『金々先生栄花夢』国立国会図書館 蔵

人情本

洒落本の影響を受けているが、女性を主な読者として想定していた。遊里ではなく、町人の恋愛のようすをえがいた。

『仮名文章娘節用』曲山人（1831〜1834年）
『春色梅児誉美』為永春水（1832〜1833年）

天保の改革で（1841〜1843年）規制 →①巻

合巻　黄表紙が規制を受け、幕府の意向に沿う仇討ちなどを題材にするようになったことで、物語が複雑化して1冊が長くなったもの。

『偐紫田舎源氏』柳亭種彦（1829〜1842年）

◀『源氏物語』の世界を、室町時代を舞台にして翻案した『偐紫田舎源氏』。大奥をえがいたとされ、絶版になった。

柳亭種彦『偐紫田舎源氏 2編上』国立国会図書館 蔵

読本

前期　中国の歴史小説に影響を受けて書かれるようになった。漢文調の文章で書かれ、主に知識人のあいだで広まった。

『英草紙』
都賀庭鐘（1749年）
『雨月物語』
上田秋成（1776年）

後期　歴史や伝説を題材に、勧善懲悪や因果応報の話が書かれた。挿絵が入ったことや貸本屋の活動によって、庶民にも広く読まれた。

『椿説弓張月』
滝沢馬琴（1807〜1811年）
『南総里見八犬伝』
滝沢馬琴（1814〜1842年）

▼読本でもっとも人気を得た『南総里見八犬伝』。八犬士による里見家の再興をえがき、合巻や歌舞伎、錦絵などさまざまな分野に影響をあたえた。

滝沢馬琴『南総里見八犬伝 第1輯巻1』国立国会図書館 蔵

俳諧

俳諧は、現在俳句とよばれている詩のもとになったもので、滑稽(おどけていて、おもしろおかしいこと)な連歌[*1]のことです。江戸時代に庶民の文学として広まりました。

◆俳諧を芸術にまで高めた松尾芭蕉

室町時代には、俳諧を専門とする俳諧師が活躍していました。江戸時代前期になると、俳諧の決まりごとがまとめられ、庶民が親しむ文学として全国に広まりました。大坂の西山宗因は、自由で滑稽みのある談林俳諧をとなえて人気となりました。このころまで、俳諧の連歌は和歌や連歌より芸術的な価値は低いとされ、遊びとしてつくられていました。

談林俳諧に影響を受けた松尾芭蕉は、17世紀末に自然や人の感情を格調高くよむ蕉風俳諧を確立し、俳諧をひとつの芸術にまで高めました。芭蕉は江戸を拠点に各地を旅して俳諧を広めるとともに、『おくのほそ道』などの紀行文を著しました。このころから俳諧の連歌のうち、1句目の上の句で、季語(季節をあらわす言葉)をよみこむ発句が重視されるようになりました。この発句が明治時代以降、俳句とよばれるようになりました。

江戸時代中期には画家でもある与謝蕪村が、➡P.32江戸時代後期には歌集『おらが春』で知られる小林一茶がすぐれた作品を残しました。また、江戸時代中期には風刺やしゃれをよみこむ川柳が俳諧から➡P.45 ④川柳分かれ、江戸を中心に人気となりました。

『おくのほそ道』の旅路

1689年、松尾芭蕉は弟子の曾良とともに江戸を出発し、関東・東北・北陸地方をめぐる旅に出た。この旅をもとに芭蕉が著した『おくのほそ道』は、芭蕉の死後1702年に刊行され、江戸時代を代表する紀行文として知られている。

旅の期間	約150日
距離	約2400キロメートル

距離は『おくのほそ道』、『曾良随行日記』などをもとに推定したもの。

▲与謝蕪村がえがいた、『おくのほそ道』の旅に出る松尾芭蕉と曾良。

与謝蕪村 筆『奥之細道 上巻』国立国会図書館 蔵

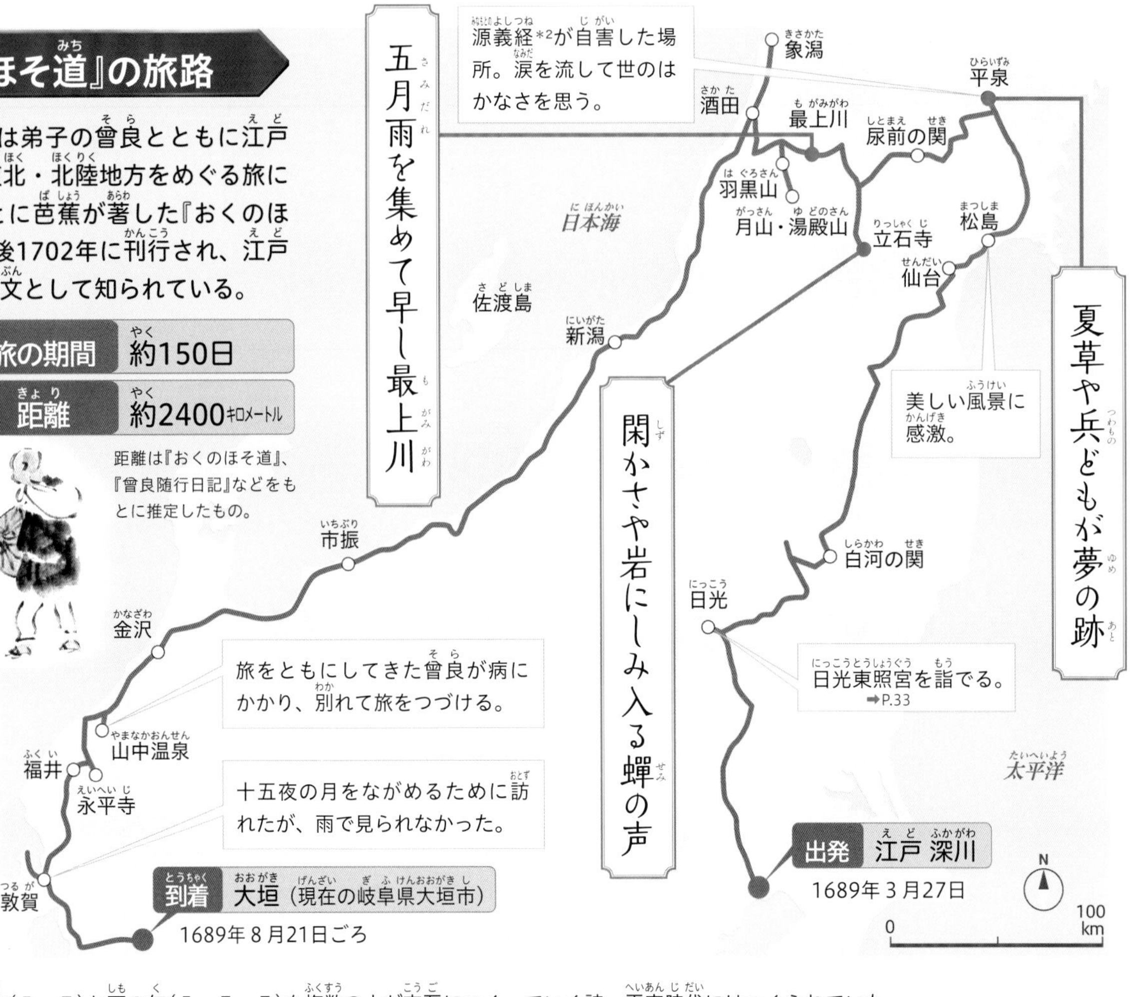

関屋淳子監修『奥の細道を歩く(JTBパブリッシング、2009年)』「奥の細道行程図」をもとに作成。一部は推定にもとづく。

五月雨を集めて早し最上川

源義経[*2]が自害した場所。涙を流して世のはかなさを思う。

夏草や兵どもが夢の跡

閑かさや岩にしみ入る蝉の声

美しい風景に感激。

日光東照宮を詣でる。➡P.33

旅をともにしてきた曾良が病にかかり、別れて旅をつづける。

十五夜の月をながめるために訪れたが、雨で見られなかった。

象潟　酒田　最上川　平泉　尿前の関　羽黒山　月山・湯殿山　立石寺　松島　仙台　日本海　佐渡島　新潟　市振　白河の関　日光　金沢　山中温泉　福井　永平寺　敦賀　太平洋

出発 江戸 深川　1689年3月27日

到着 大垣(現在の岐阜県大垣市)　1689年8月21日ごろ

0　100 km

＊1連歌…和歌の上の句(5・7)と下の句(5・7・7)を複数の人が交互につくっていく詩。平安時代にはつくられていた。

江戸時代に活躍した俳諧師たち

身分や年齢を問わず、誰もが気軽につくることができる俳諧は、江戸時代を通じて広く親しまれ、多くのすぐれた俳諧師(俳人)が活躍した。

||||||||||…師弟関係

流派 **貞門俳諧**

松永貞徳 1571〜1653年

京都生まれ。歌人、国学者でもあった。俳諧の形式をととのえ、俳諧が文学として認められる基礎をつくった。形式を重んじ、古典の知識にもとづく言葉遊びを楽しむ貞門俳諧をおこした。

花よりも団子やありて帰雁

句意…「花より団子」という言葉があるように、桜のさく時期に北国へ帰る雁は、団子をめざして帰るのだろうか。

北村季吟 1624〜1705年

歌人、古典学者でもあり、幕府につかえて5代将軍の徳川綱吉に和歌を教えた。

流派 **談林俳諧**

西山宗因 1605〜1682年

大坂を中心に連歌師としても活躍した。形式にこだわり新しさをうしなっていた貞門に対し、自由な発想を大切にし、奇抜な題材や滑稽みのある表現も取り入れる談林俳諧をとなえた。井原西鶴は弟子の一人。➡P.14

ながむとて花にもいたし頸の骨

句意…桜の花をよくめでようと、ずっと上をながめていたら、首の骨が痛くなってしまったよ。

影響をあたえる

山口素堂 1642〜1716年

友人

甲斐国(現在の山梨県)の商家出身。江戸や京都で和歌や俳諧、漢学(中国の学問)などを学んだ。江戸で芭蕉と親しく交流し、影響をあたえたとされる。

流派 **蕉風俳諧**

松尾芭蕉 1644〜1694年

伊賀国(現在の三重県)で生まれ、江戸で俳諧師として認められる。古典の知識や滑稽みを強調する俳諧に満足せず、俳諧を芸術の域にまで高めた。各地への旅をもとに『おくのほそ道』などの紀行文を著した。蕉風俳諧の祖。

古池や蛙飛び込む水の音

句意…古池に蛙が飛び込んで、水のはねる音が聞こえる。

尊敬

与謝蕪村 1716〜1783年

摂津国(現在の大阪府)生まれ。文人画の画家としても活躍した。芭蕉にあこがれて関東・東北地方を旅したのち、京都でくらした。絵画をえがくように、美しい景色や場面を切りとったような句で知られる。

菜の花や月は東に日は西に

句意…一面の菜の花よ。月は東に昇りはじめ、日は西へとしずもうとしている。

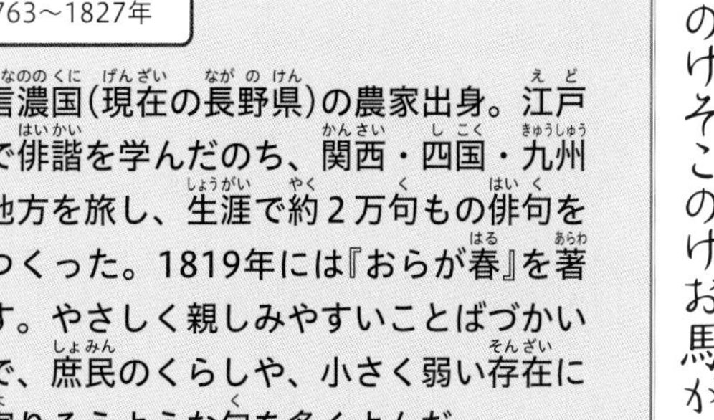

小林一茶 1763〜1827年

信濃国(現在の長野県)の農家出身。江戸で俳諧を学んだのち、関西・四国・九州地方を旅し、生涯で約2万句もの俳句をつくった。1819年には『おらが春』を著す。やさしく親しみやすいことばづかいで、庶民のくらしや、小さく弱い存在に寄りそうような句を多くよんだ。

雀の子そこのけそこのけお馬が通る

句意…すずめの子よ、早くそこをおどき、馬が通るからあぶないぞ。

＊2源義経…平安時代末期の武士。源氏と平氏が争った源平の合戦で活躍したが、兄・源頼朝と対立し、自害に追いこまれた。

浮世絵

江戸時代中期以降、多くの浮世絵師たちが活躍し、人々の生活を豊かにする作品を次々に生みだしました。

◆庶民のくらしをいろどった芸術

17世紀半ば、豊かな町人たちが増えた江戸では、遊郭[*1]や歌舞伎➡P.22などが人気となりました。そして、これらを思いのまま楽しむ現世(浮世)を題材とした浮世絵がえがかれるようになりました。

最初は絹や紙に筆でえがいた肉筆画とよばれる絵や、墨１色で摺った木版画が中心でした。しだいに木版画は色あざやかになり、江戸時代中期に、鈴木春信が多くの色を複雑に組み合わせて摺る錦絵を確立しました。題材も遊女や役者だけでなく、さまざまなものがえがかれるようになります。木版画は同じ作品を大量に、安くつくることができるため、庶民のあいだに絵を鑑賞する文化が広まりました。

その後、歌川広重や葛飾北斎をはじめ多くの絵師があらわれ、人気を集めました。江戸時代末期に日本が開国すると、浮世絵はヨーロッパへ伝わり、ヨーロッパの画家たちに大きな影響をあたえました。

菱川師宣 ？～1694年

江戸の風俗や流行を題材とした作品を手がけ、浮世絵の基礎を確立した。

◀女性がふり返るところをえがいた肉筆画、「見返り美人図」。女性は当時流行した髪形や衣装をしている。東京国立博物館 蔵
出典：ColBase(https://colbase.nich.go.jp/)

浮世絵版画の発展

最初は墨1色だった浮世絵版画は、少しずつ工夫が重ねられ、色あざやかに摺ることができるようになった。

1650年

墨摺絵

墨１色で摺ったもの。本のさし絵だった木版画を、菱川師宣が独立した１枚の絵として売り出したのがはじまり。

菱川師宣 画「吉原の体」東京国立博物館 蔵 出典：ColBase(https://colbase.nich.go.jp/)

1700年

丹絵

墨摺絵に、丹という赤い絵の具で色をつけたもの。

鳥居清倍 画「市川団十郎の竹抜き五郎」東京国立博物館 蔵 出典：ColBase(https://colbase.nich.go.jp/)

1750年

紅摺絵

紅色や緑など、2、3色を摺り分けたもの。

鳥居清広 画「「高砂」より尉 初代市村亀蔵・姥 市村吉五郎」シカゴ美術館 蔵

錦絵

いくつもの色を摺り分けたもの。高級な織物の錦のように美しいことから名づけられた。複雑な表現が可能で、その後、この錦絵が一般的な浮世絵の様式となった。

1800年

鈴木春信 1725？～1770年

錦絵の創始者とされる。かれんな男女のすがたを繊細に表現した。

「夜雨神詣美人 見立蟻通明神」東京国立博物館 蔵
出典：ColBase(https://colbase.nich.go.jp/)

*1遊郭…遊女とよばれる女性が、お金と引きかえに男性をもてなす場所。

錦絵ができるまで

いくつもの版木(木版画を摺るための木の板)をつかって多くの色を摺り分ける錦絵は、絵師、彫師、摺師による分業でつくられる。

❶下絵をえがく

絵師が錦絵のもとになる絵を、墨1色の線でうすい和紙にえがく。この後、色分けの指示や試し摺りの色の確認もする。

❷版木をつくる

彫師が木の板に下絵をはって線を写しとり、版木を彫る。使う色の数だけ版木が必要になるため、何枚もの版木ができる。

❸摺る

摺師が馬連という道具をつかい、版木に和紙をあてて1色ずつ摺っていく。

▲馬連。

摺りの行程の例

❶絵の輪郭となる線を摺る。

❷船や空の黄色を摺る。

❸船や空に灰色を重ねて摺る。

❹富士山の周辺の黒色をぼかしながら摺る。

❺波の水色の部分を摺る。

❻波の青色の部分を摺る。

完成!

葛飾北斎
1760〜1849年

国内外の絵画から技法を学び、本のさし絵や風景画をはじめ多くの作品を制作。強い印象をあたえる構図や色づかいは、世界的に評価されている。

▲北斎の代表作、「富嶽三十六景 神奈川沖浪裏」。迫力のあるドラマチックな構図で、もっとも有名な浮世絵のひとつ。メトロポリタン美術館 蔵

[馬連、「摺りの行程」①〜⑤] 画像提供：株式会社高橋工房

錦絵にえがかれた「浮世」

庶民に広まった錦絵には、当時人気だったり、話題となったりしたものごとがえがかれた。版元や絵師は、流行や人々のもとめにこたえるかたちで、さまざまな題材や構図の錦絵を送りだしていった。

人

江戸時代、歌舞伎役者と力士、遊女は、人々のあこがれの存在だった。これらの人々の錦絵は、現在のアイドルの写真や、ファッション雑誌のような感覚で売られていた。

歌舞伎役者

東洲斎写楽
?～?年

約10か月の短い活動期間のあいだに、役者の一瞬の表情をとらえた錦絵を多く制作した。

◀三代目大谷鬼次という歌舞伎役者が演じる、江戸兵衛という悪役がえがかれている。

「三代目大谷鬼次の江戸兵衛」
東京国立博物館 蔵　出典：ColBase
(https://colbase.nich.go.jp/)

力士

歌川国貞（3代豊国）
1786～1864年

浮世絵で最大の流派である歌川派を代表する絵師として、大量の錦絵を制作した。

▶力士の土俵入りのようす。庶民が相撲に親しむようになったのは江戸時代のことで、多くの人が観戦を楽しんだ。「常山五良治」東京都立中央図書館特別文庫室 蔵

遊女

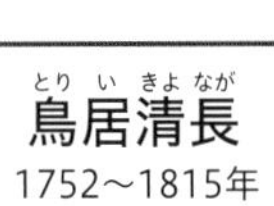

鳥居清長
1752～1815年

細身で長身の女性を、全身がうつるようにえがき、おしゃれな着こなしが映える錦絵を多く制作した。

▲遊女とすごすためには大金が必要で、多くの庶民には手の届かない存在だった。人々は錦絵をながめてあこがれをつのらせたり、最新のファッションをまねたりした。「雛形若菜の初模様 丁子屋内 丁山 しをり つまき」メトロポリタン美術館 蔵

看板娘

喜多川歌麿
1753？～1806年

人物の上半身をクローズアップしてえがく大首絵という構図で、顔や表情をよく見たいという人々の要望にこたえた。

▶18世紀後半、江戸の浅草で茶屋の看板娘をしていたおきたをえがいたもの。看板娘は会いに行ける庶民のアイドルのような存在だった。「高名美人六家撰 難波屋おきた」シカゴ美術館 蔵

想像の世界

歴史上の英雄や物語の登場人物、怪談に登場する妖怪や幽霊など、現実には存在しないものも錦絵の題材となった。

妖怪

◀平安時代の武士、源頼光とその部下たち、その背後でうごめく数えきれないほどの妖怪たちがえがかれている。

「源頼光公館土蜘作妖怪図」
東京都立中央図書館特別文庫室 蔵

歌川国芳
1797〜1861年

想像上の人物や、有名な武将、妖怪などを、迫力のある構図と細かい描写であらわした。

英雄

▶中国の物語、『水滸伝』に登場する英雄の一人、孫立をえがいたもの。

「通俗水滸伝豪傑百八人之一個 病尉遅孫立」
シカゴ美術館 蔵

景色や自然

人々の生活にゆとりが生まれると、自然や景色を見にでかけたり、旅行したりすることが一般的となり、各地の名所や風景が錦絵の題材となった。

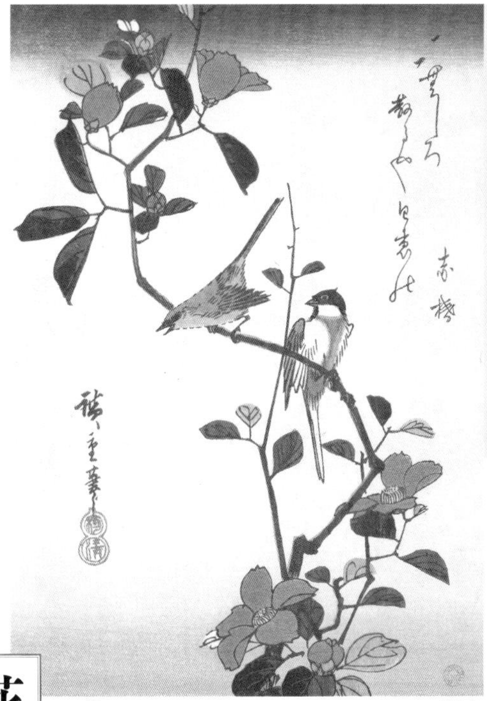

歌川広重
1797〜1858年

1833年以降刊行された「東海道五十三次」により、風景画家として人気となった。あざやかな色づかいや工夫をこらした構図は、ヨーロッパの画家たちにも影響をあたえた。

花鳥

▲椿にとまったメジロとシジュウカラ。錦絵にはさまざまな生きものや植物もえがかれた。

「椿に目白と四十雀図」メトロポリタン美術館 蔵

風景

▶東海道五十三次(➡3巻)の宿場のひとつ、品川。庶民のあいだで旅が流行した江戸時代後期以降、江戸をはじめとする各地の名所や、街道の宿場などがえがかれた。「東海道五拾三次之内 品川 日之出」シカゴ美術館 蔵

第3章 芸能

歌舞伎

おどりと演劇、音楽を組み合わせた日本の伝統芸能、歌舞伎は、江戸時代に生まれ、発展しました。

◆江戸時代の一大エンターテインメント

1603年、京都で出雲阿国という女性が男装しておどり、劇を演じるという歌舞伎おどりを披露したとされます。「歌舞伎」とは、世間のきまりや常識にとらわれないおこないやかっこうのことです。これが歌舞伎のはじまりだといわれています。

17世紀半ばには現在のようにすべての役を成人男性が演じる野郎歌舞伎がおこり、演技や脚本に力が入れられるようになりました。江戸や大坂に芝居小屋がもうけられ、17世紀末には江戸で初代市川團十郎が、上方(京都・大坂とその周辺)で坂田藤十郎が人気の役者となりました。

江戸時代中期には、2代竹田出雲らが人形浄瑠璃の脚本として書いた『仮名手本忠臣蔵』が歌舞伎で上演されて話題となるなど、娯楽として人気を集めるようになります。舞台のしかけや、唄や三味線を中心とする音楽も発達し、おどり、演劇、音楽からなる芸能として発展していきました。

3つの要素からなる歌舞伎

歌舞伎

演劇
脚本をもとに、すべての役を男性が演じる。主役の男性である立役、女性の役である女方などの役がらがある。

おどり
歌舞伎はおどりから発展した。芝居の最中に、登場人物が感情や状況を表現するためにおどる。

音楽
唄や太夫(語り手)による語り、三味線などの楽器の演奏がおこなわれ、場面の情景や登場人物の感情などを表現する。

野郎歌舞伎と江戸三座の成立

17世紀半ばには、現在のように成人した男性が演じるようになった。また、このころ江戸三座とよばれる幕府公認の芝居小屋があいついで設立された。

- **1603年** 出雲阿国が京都で**歌舞伎おどり**をはじめたとされる。その後、歌舞伎おどりをまねて遊女がおどる**女歌舞伎**が流行。

▲女歌舞伎の上演のようす。女性の役者が男装し、刀を肩にかけている。狩野孝信工房 画「女歌舞伎図屏風」(部分)メトロポリタン美術館 蔵

- **1624年** 江戸の日本橋に猿若座(のちの中村座)が設立される。
- **1629年** 風紀を乱すとして、幕府により女歌舞伎が禁止される。かわりに、少年による**若衆歌舞伎**が人気となる。
- **1634年** 江戸の日本橋に村山座(のちの市村座)が設立される。
- **1642年** このころ江戸の木挽町に山村座が設立される。
- **1652年** 風紀を乱すとして、幕府により若衆歌舞伎が禁止される。成人した男性による**野郎歌舞伎**は興行をゆるされ、現在の歌舞伎の原型となる。
- **1660年** 江戸の木挽町に森田座(のちの守田座)が設立される。
- **1714年** 山村座が廃絶され、中村座、市村座、守田座のみが幕府公認の芝居小屋となる。この3座が江戸三座とよばれた。

江戸時代に生まれた主な演目

江戸時代中期以降、多くの脚本家が活躍し、太夫や役者たちと協力してさまざまな演目をつくりあげた。演目の題材や時代はさまざまだが、主に時代物と世話物、所作事の3つに分けられる。

時代物
江戸時代より前の時代を舞台とした演目。当時の人にとって「時代劇」にあたる。

世話物
江戸時代当時の人々の生活や事件、恋愛もようなどをえがいた演目。

所作事
おどりを中心とした演目。三味線などの伴奏とともに、おどりがひろうされる。

1750年

人形浄瑠璃の作品を上演して大ヒット！

時代物 仮名手本忠臣蔵

初演 1748年(大坂・嵐座(歌舞伎))
脚本 2代竹田出雲など
あらすじ 時代は室町時代。大名・塩冶判官は、横暴な態度をとる将軍の側近、高師直に城中で斬りつける事件をおこして切腹を命じられた。塩冶家の家老・大星由良之助をはじめとする家来たちは、数々の苦難を乗り越え、主君のあだを討つ。1702年におこった赤穂事件がもとになっている。

➡①巻

もとの作品からおどりの部分だけを抜きだして人気になる。

所作事 京鹿子娘道成寺

初演 1753年(江戸・中村座)

▶「京鹿子娘道成寺」をはじめて演じた初代中村富十郎。女方として活躍した。
勝川春章 画「初代中村富十郎」
メトロポリタン美術館 蔵

江戸っ子があこがれるヒーロー。

世話物 助六由縁江戸桜

初演 1761年(江戸・市村座)
脚本 金井三笑
あらすじ 父親のかたきを討とうとする曽我五郎時致は、宝刀・友切丸を探すため、助六と名のって江戸の遊郭*1、吉原に出入りしていた。吉原で評判の遊女・揚巻の恋人になった助六は、彼女に言い寄る意休という老人が友切丸を持っていることを聞きだし、奪い返そうとする。

1800年

『助六由縁江戸桜』は現在も人気のある演目で、正月などに演じられる。
©松竹株式会社

幽霊や化け物があらわれる、こわさを楽しむ怪談物。

世話物 東海道四谷怪談

初演 1825年(江戸・中村座)
脚本 4代鶴屋南北
あらすじ 四谷左門の娘・お岩は、父親を殺した相手とは知らず、浪人・民谷伊右衛門と結婚する。お岩は伊右衛門を孫娘の婿にしたいと考える伊藤喜兵衛の策略で毒薬を飲まされ、みにくい姿となってなくなるが、幽霊となって伊右衛門をなやませ、復讐をはたす。

1850年

▲浮世絵にえがかれたお岩。特殊な化粧で客をおどろかせた。歌川国貞 画「当三升四谷聞書」(部分)東京都立中央図書館 蔵

主君・源義経*2を守るため、弁慶が大活躍。

時代物 勧進帳

初演 1840年(江戸・河原崎座)
脚本 3代並木五瓶

どろぼうたちが主人公の白浪物。

世話物 青砥稿花紅彩画

初演 1862年(江戸・市村座)
脚本 河竹黙阿弥

＊1遊郭…遊女とよばれる女性がお金と引きかえに男性をもてなす場所。
＊2源義経…平安時代末期の武士。源氏と平氏が争った源平の合戦で活躍したが、兄・源頼朝と対立し、自害に追いこまれた。

歌舞伎の演技と舞台

さまざまな演目が演じられるなかで、役者の装いや演技には、しだいに決まった型（形式）がつくられていった。また、江戸時代中期から後期にかけて、舞台にはさまざまなしかけがほどこされるようになり、多様な演出が可能になった。

衣装と化粧

観客がひと目で登場人物の性格や立場がわかるよう、役がらにあった服装や化粧をする。そのうち隈取は顔の筋肉や血管を大げさに表現した化粧で、役がらによって色や形をかきわける。元禄年間（1688～1704年）に初代市川團十郎によってはじめられたともいわれる。

隈取の色がしめすもの

- **赤** 勇気、正義感、若さなど
- **藍** 強大な悪や冷酷さなど
- **茶** 鬼や精霊など

上手と下手
観客から見て舞台の右側を上手、左側を下手とよぶ。

花道
舞台の下手から客席にのびた道。舞台の一部であり、人物の登場や退場、演出の場としてつかわれる。

▶江戸時代後期にえがかれた江戸の芝居小屋、中村座（➡P.22）。江戸時代後期には、芝居小屋全体が屋根におおわれ、雨の日でも上演できるようになった。
歌川豊国 画「中村座内外の図」
国立国会図書館 蔵

演技の2つの種類

歌舞伎の演技には、荒事と和事という対照的な２つの形式がある。豊かな町人が増えた17世紀末、それぞれ江戸と上方（京都・大坂とその周辺）で生まれ、現在まで受けつがれている。

荒事
男性の勇ましさを強調する演技。江戸で初代市川團十郎がはじめた。各地からさまざまな人が集まり、新しいものが好まれる江戸では、強くて勇ましい演技が好まれたとされる。

和事
やさしげな男性の恋愛のようすを、繊細に表現する演技。上方で坂田藤十郎がはじめた。伝統を重んじ、洗練されたものが好まれる上方では、上品でやわらかい演技が好まれたとされる。

▲荒事を代表する役がら、『暫』の鎌倉権五郎景政を演じる12代市川團十郎。『暫』は初代市川團十郎がはじめて演じたとされる。©松竹株式会社

音楽の演奏

太夫による語りと三味線の演奏からなる義太夫節、常磐津、清元や、唄と三味線の演奏からなる長唄などの種類がある。下手の黒御簾の内側では、三味線や太鼓、笛などによって芝居のBGMや効果音が演奏される。また、芝居の開幕や閉幕、舞台が変わるときには、拍子木が打たれる。

➡P.45 ⑥三味線音楽

▶拍子木。四角に切り出した木で、両手に持って打ち合わせる。

上手

桟敷

桝席

客席

客席は通行用の板がわたされた桝席と、劇場の両側にもうけられた桟敷がある。値段の高い桟敷には、裕福な町人や武士などが座った。身分や年齢、男女を問わず、多くの人が同じ劇場で歌舞伎を楽しんだ。

舞台のしかけ

多様な演出に対応できるよう、舞台にはさまざまな装置やしかけがもうけられるようになった。廻り舞台のようなしかけは、江戸時代には舞台の下にある奈落とよばれる場所で、人力で動かしていた。

廻り舞台

舞台の中央を丸く切り抜き、大道具や役者ごと180度回転させて場面を変えるしかけ。1758年に初めて使われたとされる。

セリ

舞台の一部を切り抜き、役者や道具を乗せて上下に動かせるようなしくみ。花道にあるセリはすっぽんとよばれる。

▶江戸時代末期にえがかれた、すっぽんから登場する役者のすがた。下からは、ろうそくをあてて役者を照らしている。

2代歌川国貞 画「楽屋十二支之内 子 仁木弾正」国立劇場 蔵

演技の型

演技にはさまざまな型があり、大げさで象徴的な動きによって登場人物のよろこびや悲しみ、怒りなどの感情をあらわす。

六方

手足を力強く動かして歩いたり、走ったりする。荒事の役が、花道から退場するときに演じることが多い。

立廻り

刀での切り合いなど、複数の人物による戦いの場面をあらわす動き。切られた役が宙返りをするなど、動きを象徴的に表現する。

見得

演技の途中で動きを止め、ポーズをとる。その人物の感情が高まったときなどに演じられ、観客の注目を集める効果がある。

▶江戸時代末期にえがかれた、『菅原伝授手習鑑』の主人公の兄弟3人による見得の場面。見栄えのする見得の場面は、浮世絵の題材としても人気だった。

歌川国貞 画「俳優似顔東錦絵 舎人松王丸・舎人梅王丸・藤原時平・舎人桜丸」国立国会図書館 蔵

人形浄瑠璃

現在は文楽[*1]とよばれる人形浄瑠璃は、17世紀末、それまで上演されていた人形劇が発展して生まれた芸能です。

◆心を動かす人形劇の世界

琵琶や三味線を伴奏として、太夫とよばれる語り手が登場人物のせりふやしぐさ、情景などを語る音楽を浄瑠璃といいます。江戸幕府が開かれたころ、この浄瑠璃と、古くからおこなわれていたあやつり人形の芸が合わさって人形浄瑠璃が生まれました。物語のすじや音楽は単純なもので、人形も1人であやつっていました。

17世紀末になると、竹本義太夫が義太夫節とよばれる浄瑠璃の流派をおこし、大坂に人形浄瑠璃の劇場、竹本座を開きます。竹本は脚本家の近松門左衛門と組んで『曾根崎心中』などを上演し、上方（京都・大坂とその周辺）を中心に圧倒的な人気をほこりました。

18世紀前半には人形の手足などが動くよう工夫され、現在のように3人で1体の人形をあやつるようになります。また、2代竹田出雲らが脚本を書いた『義経千本桜』や『仮名手本忠臣蔵』などが人気となり、歌舞伎でも上演されました。18世紀後半から歌舞伎の人気におされるようになりますが、日本独自の芸能として受けつがれています。

3つの役割からなる芸能

人形浄瑠璃は語り手である太夫、三味線弾き、人形遣いによって演じられる。この3つの役割を三業とよび、息の合った演技によって観客を物語の世界に引きこむ。

人形浄瑠璃の舞台

◀人形は上手と下手（➡P.24）にある小幕から出入りする。太夫と三味線弾きは、上手側にもうけられた床に座る。

役割1 人形遣い 1体の人形を3人であやつり、複雑な動きによって登場人物の動作や感情を表現する。黒衣という黒い衣装で顔まで隠して演技するが、主遣いのみ顔を出すこともある。

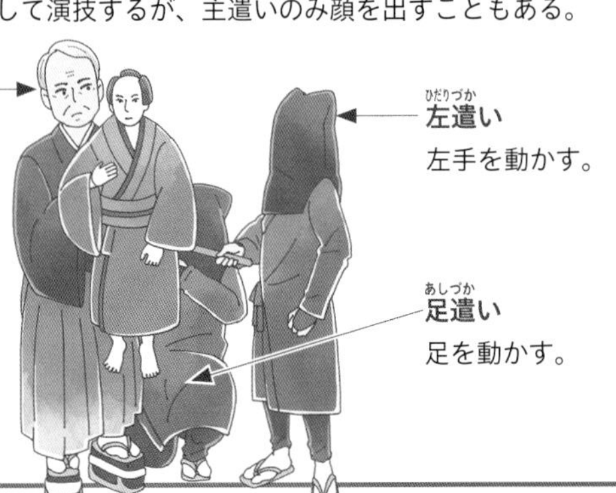

主遣い 人形の胴をささえ、頭と右手を動かす。3人が身を寄せ合っても動きやすいよう、高さ数十センチの下駄をはく。

左遣い 左手を動かす。

足遣い 足を動かす。

役割2 太夫 多いときには十数人にもなる登場人物のせりふや心情、場面の説明などを、すべて1人で語る。

役割3 三味線弾き 太夫の語りに合わせて演奏し、情景や心の動きを表現する。

◀太夫の語る文章が書かれた、床本とよばれる台本。

写真提供：国立文楽劇場

*1文楽…江戸時代に大坂でおこった人形浄瑠璃の一座が、明治時代に文楽座と名のり、その後人形浄瑠璃で唯一の興行主となったことに由来する。

江戸時代に生まれた主な演目

江戸時代につくられた人形浄瑠璃の作品は、主に時代物と世話物(➡P.23)、人形のおどりや音楽の演奏を中心とする景事の3つに分けられる。ここでは時代物と世話物のおもな作品を取りあげる。

1700年

世話物 曾根崎心中

初演 1703年(大坂・竹本座)
脚本 近松門左衛門
あらすじ しょうゆ屋ではたらく徳兵衛と遊女*2のお初は恋人どうし。徳兵衛は主人に返すべき大金を友人・九平次にだましとられ、無実の罪を着せられる。面目を失い、この世ではむすばれないとさとった徳兵衛とお初は、来世で夫婦になることを誓い心中*3する。実際に大坂の曾根崎で起こった心中事件がもとになっている。

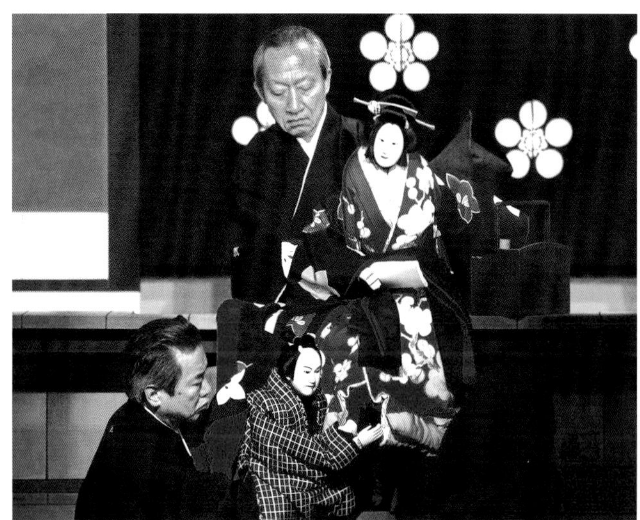

▲『曾根崎心中』天満屋の段。現在でも文楽の人気の演目として上演されている。写真提供：国立文楽劇場 協力：人形浄瑠璃文楽座

時代物 国性爺合戦

初演 1715年(大坂・竹本座)
脚本 近松門左衛門

世話物 心中天網島

初演 1720年(大坂・竹本座)
脚本 近松門左衛門

◀▼人形の首にはいくつもの種類がある。かつらや顔色などを変えることで、1つの首をいくつもの役がらに用いる。(写真左)義経などに使われる若い男性役の首。(写真下)静御前などに使われる若い女性役の首。

写真提供：国立文楽劇場

1750年

時代物 義経千本桜

初演 1747年(大坂・竹本座)
脚本 2代竹田出雲など
あらすじ 兄・頼朝に追われる身となった源義経*4は、恋人の静御前に大切な鼓をあたえて都を去った。義経の前には死んだはずの平氏の武士たちが次々と立ちはだかる。一方、静御前を守る義経の部下・佐藤忠信には、大きな秘密があった。

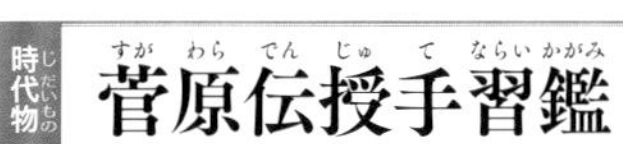

時代物 菅原伝授手習鑑

初演 1746年(大坂・竹本座)
脚本 初代竹田出雲、2代竹田出雲など

時代物 仮名手本忠臣蔵

初演 1748年(大坂・竹本座)
脚本 2代竹田出雲など

➡P.23

時代物 神霊矢口渡

初演 1770年(江戸・外記座)
脚本 福内鬼外(平賀源内)(➡P.9)

●江戸で初演された。18世紀前半から半ばにかけて、人形浄瑠璃は江戸でも人気を集め、大坂から江戸へ太夫や三味線弾きが公演におとずれたほか、江戸でも脚本が書かれた。

大ヒットを連発した人気脚本家 近松門左衛門(1653~1724年)

吉江藩(福井県)の藩士の子として生まれた近松門左衛門は、京都に移り住み、人形浄瑠璃の脚本を書きはじめました。竹本義太夫と組んで書いた時代物『出世景清』が評判となり、『曽根崎心中』、『国姓爺合戦』、『心中天網島』などの名作を次々に生みだしました。

なかでも『曽根崎心中』は、歴史上の人物や英雄ではなく、当時の男女を主人公とした、まったく新しい作品でした。立てるべき義理と恋の板ばさみとなってなやみ、死を選ぶ徳兵衛とお初のすがたに人々は熱狂し、心中が流行したほどでした。

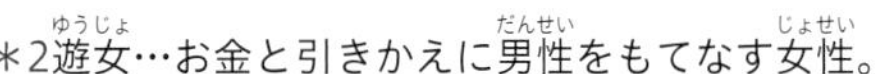

＊2遊女…お金と引きかえに男性をもてなす女性。
＊3心中…愛し合う男女がいっしょに自殺すること。
＊4源義経…平安時代末期の武士。源氏と平氏が争った源平の合戦で活躍したが、兄・源頼朝と対立し、自害に追いこまれた。

落語

落語は、おもしろい話をして客を楽しませる芸能です。江戸時代前期から中期にかけて上方(京都・大坂とその周辺)と江戸でそれぞれ話をする芸が発展し、落語につながりました。

◆「オチ」を楽しむ話芸

落語とは、最後に「オチ」がある噺をひとりで演じる話芸です。そのはじまりは、安土桃山時代の僧、安楽庵策伝が、仏教の教えを笑い話にして語ったことだとされています。17世紀はじめには、策伝が『醒睡笑』という本に笑い話をまとめ、これが後世の落語の原型になりました。

17世紀末から18世紀はじめには、江戸の鹿野武左衛門、京都の露の五郎兵衛、大坂の米沢彦八が客前でおもしろい話を演じることをはじめます。3人はいずれも料金をとったため、落語家のおこりと見なされています。主に武左衛門はまねかれた家で演じる座敷噺、五郎兵衛や彦八は大通りや寺の境内などで演じる辻噺をおこないました。18世紀末には、落語の興業のために寄席が開かれるようになり、専業の落語家も生まれました。そのひとりの三笑亭可楽は、客から3つのお題をもらってひとつの噺にまとめる三題噺を考案して人気を得ました。1841年に天保の改革がはじまると、➡①巻寄席が規制されますが、改革を主導した水野忠邦が失脚するとふたたび寄席の数は増えていき、落語はさらに発展しました。

▲江戸時代末期にかかれた高座(寄席で芸を演じるための高くなった場所)のようす。春廼家幾久『春色三題噺』東京都立中央図書館 蔵

さまざまな演目

落語には、笑える話だけではなく、怪談や人情をあつかう噺もある。このなかには、江戸時代の日本や同じころの中国(明)で書かれた噺本や笑話集にのっている話をもとにしたとみられるものも多い。

演目	作者	もとになったとみられる本
饅頭こわい	不明	・『五雑俎』(中国明代の随筆) ・『笑府』(中国明代の笑話集)
粗忽長屋	不明	・『絵本噺山科』(18世紀末ごろの笑話集) など
親子酒	不明	・『露休置土産』(露の五郎兵衛による噺本)
時そば	不明	・『軽口初笑』(江戸時代中期の笑話集) など
怪談牡丹灯籠	三遊亭圓朝	・『剪燈新話』(中国明代の怪奇小説)
真景累ケ淵	三遊亭圓朝	・『祐天上人一代記』(江戸時代後期ごろの説教話集)

仮名垣魯文『粋興奇人伝』国立国会図書館 蔵

三遊亭圓朝 1839～1900年

江戸時代末期から明治時代にかけて、さまざまな演目を自作して演じた。いまにのこる演目を多数つくったほか、政治家とも親交をもち、近代における落語発展の基礎を築いた。

各地の芸能

歌舞伎や浄瑠璃、落語のように三都（江戸・京都・大坂）を中心として発達した芸能以外にも、江戸時代には各地で独自の芸能が生まれました。➡③巻

◆地方に広まる芸能

争いがつづいていた戦国時代や安土桃山時代に対し、江戸時代は平和な時代でした。人々は安心して生活を送れるようになり、さまざまな芸能を楽しむよゆうもできました。とくに三都の河原や大きな寺社には多くの人々が集まり、大道芸や見世物を演じて薬や食品を売る露店商人もあらわれました。また、芸を見せながら流浪する旅芸人もいて、各地に芸能を広めることにつながりました。

また、歌舞伎や能楽のような芸能も、三都から地方に広まっていきました。これは、一座による地方興行がおこなわれたり、地元の人が三都から知識をもち帰ったりしたことによります。各地に伝わった芸能は、地方ごとの発展をしたり、三都ではなくなっていった要素をのこしたりすることで独自のものとなり、各地の祭りや行事で演じられるようになりました。

各地で栄えた芸能

江戸時代には、神社や寺院でおこなわれる行事を中心に、地域独自の芸能が生まれた。そのなかには、三都で栄えた芸能をもとにしたものもあった。ここでは、いまも伝わる地域の芸能の一部を紹介する。

現代に伝わる地域の芸能

出雲国

信濃国

武蔵国

美濃国

写真提供：佐太神社（撮影：阿礼）

佐陀神能

佐太神社でおこなわれる能形式の神楽。江戸時代前期に神官が京都から能楽の形式をもち帰り、神話などをおりこんで神事としてつくりかえたとされる。

写真提供：久喜市教育委員会

鷲宮催馬楽神楽

鷲宮神社に伝わる神楽。鎌倉時代におこなわれていた神楽を江戸時代中期までに再編したもので、おどりの要素が強い。神楽を奉納する家は神楽役をつとめ、神主で領主でもあった大内氏から、田畑をあたえられていた。

真桑人形浄瑠璃

本巣市上真桑の本郷地区に伝わる人形芝居。江戸時代前期、水をめぐる争いの解決につくした福田源七郎をたたえ、人形芝居を上演したのがはじまりとされる。もとは人形はひとり遣いだったが、江戸時代中期には上方の影響を受けてか、3人遣いになった。

写真提供：本巣市観光協会

大鹿歌舞伎

大鹿村に伝わってきた芝居。もっとも古いものでは、1767年におこなわれた記録がのこるという。旅まわり一座から教えを受けてできたものとされる。

写真提供：大鹿村教育委員会

第4章 絵画と建築

絵画

幕府や朝廷、大名のほか、豊かな町人たちの保護を得て、多くの絵師が活躍しました。琳派の絵画をはじめ、現在も日本の代表的な絵画として知られる作品もえがかれました。

◆幕府や朝廷につかえた絵師たち

江戸時代を通じて絵画の世界で強い力をもっていたのは、狩野家という絵師の一族を中心とする、狩野派という流派です。室町時代半ばにおこり、江戸時代初期には狩野探幽が幕府につかえる御用絵師となりました。探幽は余白をいかした、洗練された美しさを追求し、城や寺院などの障壁画（ふすまや壁などにかかれた絵画）を多く手がけました。狩野家は、その後も一族のあいだで幕府や大名の御用絵師の地位と、技術や技法を受けついでいきました。また、多くの弟子をもち、手本を模写する教育を徹底することで、質を一定にたもちつつ、数多くの作品を制作しました。

一方、大和絵[*1]の流派のひとつ、土佐派の土佐光起は、狩野派の技法をとり入れてこまやかで上品な絵をえがき、江戸時代前期に朝廷の絵師となります。17世紀半ばには住吉如慶が土佐派から分かれて住吉派をおこしました。如慶の子・具慶は幕府の御用絵師となり、その後も一族が代々役目を受けつぎました。

▶土佐光起がうずらを、息子・光成が白菊やすすきなどをえがいたもの（17世紀）。花びらや鳥の毛などが繊細な筆づかいで表現されている。

土佐光起、土佐光成 画「秋郊鳴鶉図」東京国立博物館 蔵　出典：ColBase（https://colbase.nich.go.jp/）

▲狩野探幽がえがいた名古屋城の障壁画のひとつ（17世紀）。金箔がほどこされたふすまに、雪におおわれた梅や松、鳥が、大きな余白をとってえがかれている。狩野探幽 画「雪中梅竹鳥図」名古屋城総合事務所 蔵

＊1大和絵…平安時代におこった、日本の風景や風俗を題材とする絵画。貴族の屋敷の屏風や障子をかざったほか、絵巻物として発展した。

◆時を超えて受けつがれた琳派

江戸時代初期に京都で活躍した俵屋宗達と本阿弥光悦にはじまり、江戸時代中期に尾形光琳が大成させた流派を、琳派とよびます。あざやかな色づかいと大胆な構図、金銀などを使ったはなやかな装飾が特徴です。絵画だけではなく、うつわや装飾品などの工芸品もさかんにつくられました。

琳派をつくりだしたのは、狩野派のような血縁関係や、師弟関係ではありません。宗達に光琳が、光琳に酒井抱一が私淑（尊敬する先人を模範として学ぶこと）するかたちで、時代を超えて技法や美意識が受けつがれ、発展していきました。

光琳の時代までは上方（京都・大坂とその周辺）の豊かな町人たちに支持されていましたが、抱一やその弟子・鈴木其一によって江戸にも広まりました。

琳派の流れ

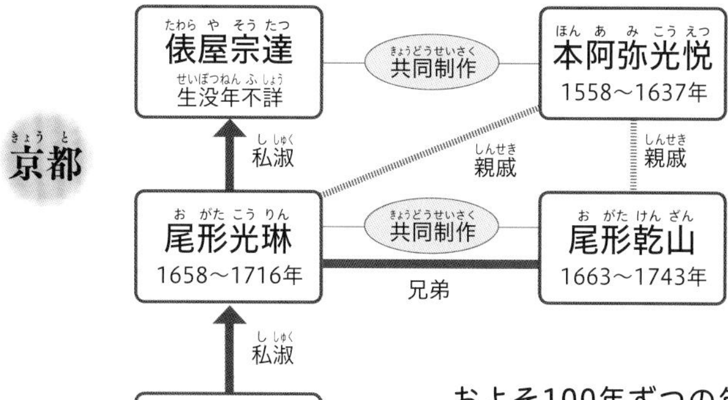

およそ100年ずつの年月をはさみながら、宗達、光琳、抱一は、のちに琳派とよばれる様式を発展させ、受けついでいった。

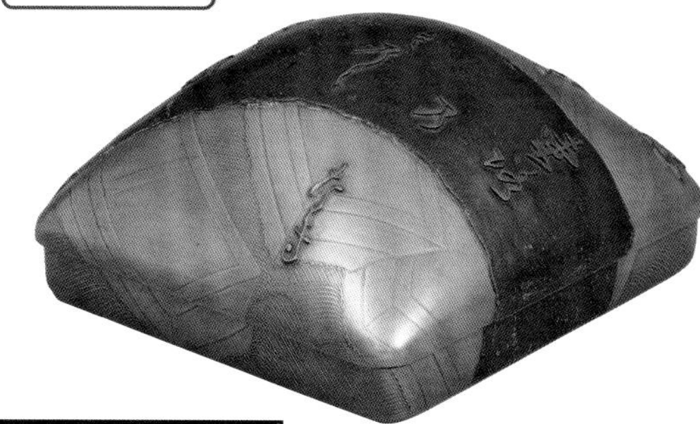

▲本阿弥光悦 作「舟橋蒔絵硯箱」（17世紀）。蒔絵がほどこされている。光悦は徳川家康に京都の土地をあたえられて工房をかまえ、漆器をはじめとする工芸品や、茶道に使う茶わん、書など、多くの作品を制作した。

東京国立博物館 蔵　出典：ColBase（https://colbase.nich.go.jp/）

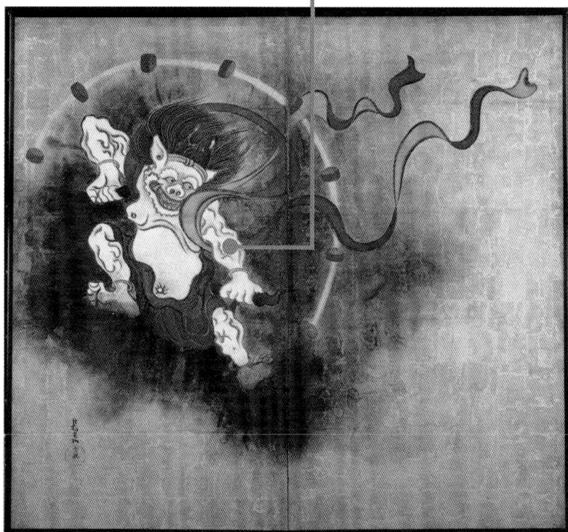

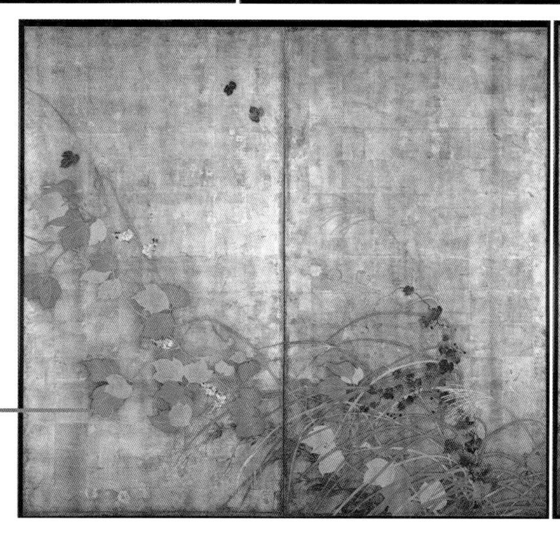

▲▶俵屋宗達がえがいた「風神雷神図屏風」をうつしとった尾形光琳の「風神雷神図屏風」（上、18世紀）と、後世になってその屏風のうらに酒井抱一がえがいた「夏秋草図屏風」（右、19世紀）。雷神図のうらに雨のなかの夏草が、風神図のうらに風に吹かれる秋草がえがかれた。

東京国立博物館 蔵　出典：ColBase（https://colbase.nich.go.jp/）

◆京都で発展した写生画と文人画

江戸時代中期、円山応挙は写生(見たものをありのままにえがくこと)を重んじる写生画をえがき、上品でおだやかな表現で京都の町人たちの人気を集めました。応挙を祖とする円山派や、円山派から分かれた四条派は、その後も日本の絵画に大きな影響をあたえました。

▲円山応挙 画「牡丹孔雀図屏風」(1781年)。クジャクの羽根やぼたんの花びらが細かく、やわらかい線でうつしとられ、気品にあふれた作品となっている。石橋財団アーティゾン美術館 蔵

同じころの京都で、池大雅や、俳諧師としても活躍した与謝蕪村➡P.17は、中国の文人(教養や知識に富んだ人)の生活にあこがれをもち、中国の文人が趣味としてえがいた文人画をもとに、日本独自の文人画(南画)を発展させました。江戸時代後期に上方で活動した田能村竹田や、江戸で活動した谷文晁、渡辺崋山らも、文人画家として知られています。

▲池大雅 画「楼閣山水図屏風」(左隻、18世紀)。大雅が理想とした文人たちのくらしが、中国の景勝地を舞台にえがかれている。東京国立博物館 蔵　出典：ColBase(https://colbase.nich.go.jp/)

また、京都には、力強い表現と色づかいで知られる伊藤若冲や曾我蕭白のような個性豊かな絵師もあらわれました。

◆西洋の影響を受けた絵画

8代将軍の徳川吉宗がキリスト教とかかわりのない洋書の輸入を許可した18世紀半ば以降、長崎から西洋の絵画や油絵の具が伝わりました。日本でも油絵の具をつかったり、陰影(かげ)をつけたり、遠近法*1をもちいたりする洋風画がえがかれるようになり、平賀源内や司馬江漢、亜欧堂田善などが多くの作品をえがきました。源内や江漢は、銅の板をつかった版画、銅版画にも取り組みました。また、源内が洋風画の技法を伝えた秋田藩(秋田県)では、秋田藩士・小田野直武を中心に、秋田蘭画とよばれる洋風画が発展しました。

▲上野にある不忍池をえがいた、小田野直武 画「不忍池図」(1770年代)。近くにある鉢植えが大きくえがかれ、花びらは立体的に見えるようかげがつけられている。秋田県立近代美術館 蔵

*1遠近法…近くにあるものを大きく、遠くにあるものを小さくえがくなど、ものや風景が立体的に見えるような絵画の技法。

建築と造園

現在も残っている江戸時代の建築物や、大名によって各地に築かれた大名庭園について紹介しています。

◆2つの建築様式と大名庭園

江戸時代前期、徳川家康をまつる日光東照宮と、宮家(天皇の一族)の別荘である桂離宮が建てられました。日光東照宮ははなやかな色づかいや豪華な装飾が特徴で、権現造とよばれる建築様式で建てられています。一方、桂離宮はむだをそぎ落とした数寄屋造の書院や、回遊式庭園(園内をめぐりながら景色を鑑賞する庭園)の美しさで知られています。

大名たちも江戸の大名屋敷や国許に大名庭園を築きました。江戸の大名庭園としては、水戸徳川家が築いた小石川後楽園や、5代将軍の徳川綱吉の側用人、柳沢吉保が築いた六義園が知られています。江戸以外の各地の大名庭園としては、水戸藩(茨城県)の偕楽園、加賀藩(石川県)の兼六園、岡山藩(岡山県)の後楽園が日本三名園とよばれ、現在も景勝地として有名です。

▲日光東照宮の陽明門。あざやかな着色や金ぱくがほどこされた、500あまりの彫刻でかざられている。写真提供：日光東照宮

権現造

平安時代からつくられていた、神社の建築様式のひとつ。豪華な装飾が特徴。日光東照宮にまつられた家康に「東照大権現」の称号が贈られたことから名づけられた。

数寄屋造

茶会をおこなうための茶室(数寄屋)の様式を取りいれた建築様式。装飾をできるだけはぶき、素材の自然のままの形や質感をいかしてつくられる。

回遊式庭園・小石川後楽園

東京都文京区にある小石川後楽園は、江戸時代前期、水戸徳川家の藩主によって江戸の上屋敷につくられた回遊式庭園。日本や中国の名所に見たてた池や築山のほか、四季ごとの花が植えられ、園内を歩きながらさまざまな景色を楽しめる。

▲渡月橋。京都の嵐山にある渡月橋に見たててかけられた。紅葉の名所となっている。

◀現在の小石川後楽園の園内。

▲5月に見ごろをむかえるかきつばた。

第5章 学問

文化の発達をささえた学問

幕府は武士の学問を奨励し、18世紀には各藩で藩校がつくられました。また、民間の学習の場として寺子屋(手習塾)や私塾もたくさん設立されました。

◆教育の広まり

江戸時代に入ると、幕府や藩は武士に対し、地位にふさわしい教養を身につけさせようと、学問を奨励しました。とくに朱子学が重要視され、1630年には徳川家光から土地をあたえられた朱子学者の林羅山により、上野に林家の家塾が開かれました。この家塾は1690年に湯島に移され、18世紀末の寛政の改革➡①巻のなかで幕府直轄の昌平坂学問所となって、多くの幕臣や藩士が学びました。また、18世紀半ばからは藩立の学校である藩校を設立する藩が増えていきました。藩や代官によって設立される郷学という学習の場もあり、そのなかには庶民が通えるものもありました。

一方、民間では寺子屋が江戸時代後期に次々に開設されました。これは、年貢や商売に関する書類など、生活のなかで文字を読んだり計算をしたりする機会が増え、庶民でも「読み・書き・そろばん」ができることが必要になったためです。また、19世紀になると、より高度な学問を教える私塾も各地にたくさん開かれ、有名な学者が開いた私塾には、全国から生徒が集まりました。

▶寺子屋では、7歳から15歳くらいまでの子どもがいっしょになり、それぞれにあたえられた課題をこなすのが基本だった。
渡辺崋山 画『一掃百態図』田原市博物館 蔵

寺子屋の増加

江戸時代が進むと、町人の社会的・経済的な地位が向上したり、農村にも貨幣経済が浸透したりすることで、読み書きなどの必要性が高まった。江戸時代後期には都市でも農村でも、寺子屋がたくさんつくられていった。

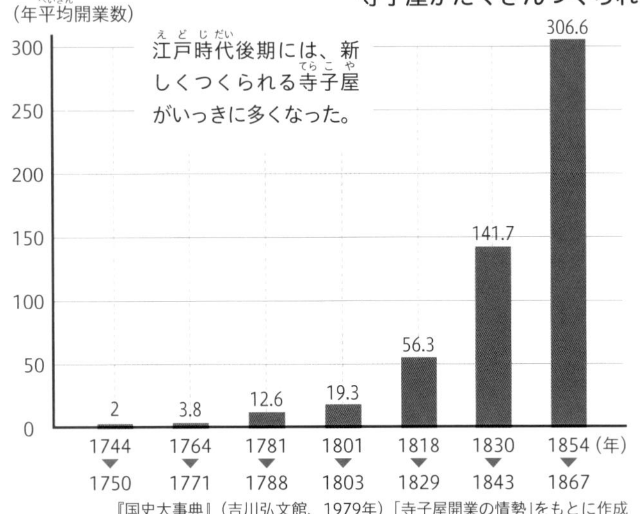

『国史大事典』(吉川弘文館、1979年)「寺子屋開業の情勢」をもとに作成

写真提供：日田市教育委員会

▲1817年に儒学者の広瀬淡窓が日田に開いた私塾。年齢や地域、身分に関係なく、だれでも入門することができた。

全国の学習の場

幕府は武士の学問を奨励し、儒学を教える学校を立ち上げた。18世紀以降は各藩でも藩校が設立され、藩士が学問を身につけた。民間で開かれた私塾でも、有名な学者が教える塾には、多くの人が入門していた。

●…私塾　■…藩校・郷学　◆…官立学校

適々斎塾（適塾）

▲蘭方医の緒方洪庵が1838年に大坂瓦町に開いた私塾。医学や自然科学を教え、福沢諭吉や大村益次郎などの優秀な人材がでた。

松下村塾

▲19世紀半ばに吉田松陰の叔父が開いた私塾。のちに松陰が主宰者となった。久坂玄瑞や高杉晋作など、江戸時代末期の討幕派の多くが通った。

養賢堂

仙台藩の藩校で、学問所として1736年に設立。1772年に移転・拡充のうえ養賢堂と改称された。漢学や洋学、医学などを教えた。

弘前■稽古館
秋田■明徳館
盛岡■作人館
鶴岡■致道館
仙台■
米沢■興譲館
会津■稽古堂のち日新館
水戸■
金沢■明倫堂
江戸●蘐園塾●◆
小川●藤樹書院
彦根■弘道館
名古屋■明倫堂
京都●古義堂
大坂●
鳥取■尚徳館
松江■修道館
姫路■好古堂
閑谷■
花畠●花畠教場
広島■修道館
福山■弘道館のち誠之館
萩■●
福岡■修猷館
佐賀■弘道館
日田●
長崎●
熊本■時習館
鹿児島■造士館

弘道館

▲水戸藩主の徳川斉昭が1841年に設立した藩校。尊王攘夷思想をあとおししつつ、実用主義の立場から洋学の研究もおこなった。

昌平坂学問所

1790年に成立した幕府による官立学校。1630年に開かれた林羅山の家塾が1690年に移転、寛政の改革で整備されたもの。朱子学が講じられた。

閑谷学校

▲岡山藩主の池田光政が1668年に設立した手習所が、1675年に統合されて成立。上層庶民や藩士の子どもに朱子学などを教えた。

芝蘭堂

1786年、蘭方医の大槻玄沢が江戸に開いた私塾。全国から集まった生徒に蘭学を教えた。太陽暦で新年（1795年）をいわうようすが絵にのこっている。

鳴滝塾

オランダ商館医のシーボルトが1824年に開いた私塾。医学、自然科学を教え、高野長英などが学んだ。

明倫館

1719年に設立された萩藩の藩校。1849年に移転・拡充して医学、天文学、兵学などの学科をおき、洋学所もつくられた。

儒学と歴史編さん、国学

江戸時代の前期から、幕府では儒学が重視されました。また、幕府や藩は歴史編さんにとりくみ、権力の維持に役立てようとしました。一方、儒学に反対する国学もおこりました。

◆自国の歴史や文化を見つめ直した

中国から伝わってきた儒学の主流である朱子学は、江戸時代前期から幕府によって奨励されました。朱子学では自分の職分に忠実であるようにとかれ、封建制の維持に役立つと考えられたためです。江戸時代中期には、朱子学者の新井白石が儒教的な政治を主導しました。

幕府は日本の正当な権力者であることを証明するために、歴史編さんにもとりくみました。朱子学者の林羅山と林鵞峰は、儒教的な実証主義にもとづいて『本朝通鑑』をまとめ、1670年に完成しました。また、各藩でも歴史編さんはおこなわれ、水戸藩では1657年に『大日本史』の編さんをはじめます。『大日本史』では、朱子学的な身分秩序を重視する立場から歴史をとらえました。

江戸時代中期に入ると、賀茂真淵や本居宣長によって日本の古典を研究する国学が発展しました。国学者たちは日本古来の精神を理想とし、朱子学を批判しました。江戸時代後期には平田篤胤が大成した復古神道が支持を集め、江戸時代末期の尊王攘夷運動に影響をあたえました。

➡⑤巻

儒学の思想

儒学とは、中国の儒教をもとにした学問。江戸時代以前の儒学は、主に公家や僧の学問だったが、江戸時代前期には武士を中心に広まった。朱子学のほか、朱子学を批判する陽明学や日本独自の古学もあった。

朱子学
中国の南宋で成立。理気説*1をとなえる。身分の秩序を重視し、幕府によって奨励された。

陽明学
中国の明で成立。知行合一*2をとく。朱子学を批判し、現実の矛盾を改めようとした。

古学
日本独自の儒学の総称。朱子学や陽明学を批判し、直接孔子らの教えに学ぶことを主張。

儒学者の業績

年	できごと	学派
1630年	林羅山が上野に林家の家塾を設立(のち移転、昌平坂学問所になる)。	朱子学
1634年	陽明学の祖、中江藤樹が近江国(現在の滋賀県)の小川村に藤樹書院を開く。	陽明学
1671年	山崎闇斎が垂加神道を創始。神道と朱子学をくみあわせた道徳的な神道説。	朱子学
1709年～1716年	徳川家宣、徳川家継のもと、新井白石が儒教的な理念にもとづく正徳の治とよばれる政治をおこなう。	朱子学
1712年	新井白石が『読史余論』を著す。徳川家宣におこなった講義案をまとめたもので、幕府の正当性を主張。	朱子学
1727年ごろ	荻生徂徠が徳川吉宗の諮問にこたえ、改革の意見を記述した『政談』が完成。	古学(古文辞学派)

新井白石 1657～1725年
学派：朱子学
思想：朱子学的な道徳観にもとづく合理主義。
政治：家宣、家継のもと正徳の治をすすめる。

正反対の思想

荻生徂徠 1666～1728年
学派：古学(古文辞学派)
思想：朱子学を批判し、道徳と政治の分離を主張。
政治：吉宗の信頼を得て改革案を論じる。

＊1理気説…あらゆるものごとは陰陽の気のはたらきによるもので、そのおおもとに理があるとする考え。
＊2知行合一…知(知ること)と行(おこなうこと)は分けることができないとする実践主義的な考え。

『大日本史』の影響

水戸藩(茨城県)2代藩主の水戸光圀は、日本の歴史をまとめあげるために史局(歴書を編さんするための役所)をつくった。光圀の死後も歴書の編さんはつづき、完成したのは明治時代になってからだった。

『大日本史』ができるまで

1657年	1672年	1698年	1720年	1829年	1906年
江戸駒込の水戸藩邸(別邸)に史局がおかれて編さん事業がはじまる。	史局が小石川の水戸藩邸(本邸)に移り、彰考館と名づけられる。	彰考館の事業の中心が水戸城に移され、江戸の江館と水戸の水館に分かれる。	『大日本史』のうち完成していた本紀73巻、列伝170巻が幕府に献上される。	江戸と水戸の両方におかれていた彰考館が水戸にまとめられる。	『大日本史』402巻が完成。彰考館が閉館する。

大日本史

水戸藩で編さんされた紀伝体の歴書。各地から史料を集め、内容をまとめていった。

大日本史の歴史観

- 神功皇后を皇位からのぞいた
- 大友皇子の即位を認めた
- 南北朝のうち南朝を正統とした

弘道館事務所 蔵

▲光圀の150年忌にあわせてつくられた嘉永版の『大日本史』。

水戸学

前期

江戸時代中期の『大日本史』編さんのなかで生まれた、水戸藩独自の思想。天皇と幕府への尊敬を柱とする。

後期

江戸時代後期、徳川斉昭の時代に成立。外国船の侵入や幕藩体制の動揺を受けて、尊王攘夷思想が中核となった。

国学の発展

江戸時代前期までは、孔子や孟子の教えを学ぶ儒学がさかんだった。江戸時代中期以降は、『万葉集』や『古事記』などの日本の古典を研究し、日本の古い時代の精神をとき明かそうとする国学がさかんになった。

主な国学者と著作

人物	主な著書	内容
契沖	『万葉代匠記』	『万葉集』の注釈書。古典の厳密な研究にもとづく。
荷田春満	『創学校啓』	幕府や藩の学校が儒教中心であることを批判し、国学の学校設立を提言。
賀茂真淵	『万葉考』	『万葉集』の注釈書。独自の見解が多く、後世に大きな影響をあたえた。
賀茂真淵	『国意考』	儒教や仏教を否定し、日本古来の古道に立ち返る復古思想を主張。
本居宣長	『古事記伝』	『古事記』の注釈書。総論の古道説をのべた部分は、のちに『直毘霊』にまとめられた。
平田篤胤	『霊能真柱』	古道を知るには、死後の行き先を知る必要があるという考えのもと、世界の成り立ちや死後の世界を解説。
塙保己一	『群書類従』	古代から江戸時代はじめまでの古書をまとめたもの。主に和学講談所で編さんされた。

賀茂真淵
1697～1769年

日本古来の精神を理想的なものとする古道説をとなえ、そこに立ち返る復古の思想をといた。

教えを受ける

本居宣長
1730～1801年

『古事記』の研究を進めるなかで、古代の生活・精神を理想とする古道説を確立。

▶宣長の古道説がしるされた『直毘霊』。

本居宣長『直毘霊』(部分)京都大学附属図書館 蔵

本居宣長 画「本居宣長六十一歳自画自賛像」本居宣長記念館 蔵

没後の門人を主張

平田篤胤
1776～1843年

儒教や仏教を強く批判し、日本古来の信仰を大切にする復古神道を大成させた。

▶篤胤の独自の学説をとく、『霊能真柱』。

平田篤胤『霊能真柱 下』国立国会図書館 蔵

自然科学

産業の発展にともない、本草学や農学、医学といった実用的な自然科学がさかんになりました。また、日本独自の数学である和算も発展していきました。

◆実用的な自然科学が発達

江戸時代前期からの産業の発達は、それに役立つ自然科学の発展をうながしました。とくに大きく発展した分野のひとつが本草学です。もともとは中国で成立した学問で、植物・動物・鉱物の薬としての効能を研究するものでした。18世紀に貝原益軒の『大和本草』や稲生若水の『庶物類纂』が刊行されると、日本では薬になるものだけでなくさまざまなものをあつかう博物学の要素をもつようになりました。

また、和算とよばれる日本独自の数学も発達していきます。17世紀はじめまでは、農業や商業に必要な算術や、地図をつくるための測量術にかかわる算術が主でした。その後、関孝和をはじめとする和算家がたくさん出てきて、実用的な算術だけでなく、抽象的な数学の問題そのものが研究されるようになっていきます。18世紀以降は、和算を学ぶ人が増えていくつもの流派ができ、より高度な内容が研究されるようになりました。

本草学の発展

薬になるものを研究の対象としていた本草学は、江戸時代前期に対象を広げて動物・植物・鉱物をはじめとするあらゆるものをあつかうようになった。ものを絵でしめす図譜（図鑑）も多くつくられている。

『大和本草』などをまとめて日本の産物の分類をおこない、本草学の対象を薬になるものから広げた。

貝原益軒
1630〜1714年

「貝原益軒肖像」貝原家 蔵

本草綱目

▲中国の本草書。薬になる植物・動物・鉱物などについて産地や効能をしるしている。日本には1607年に伝わり、幕府に献上された。この本の渡来以降、本草学は急速に発展した。

李時珍『本草綱目 第2冊』
国立国会図書館 蔵

大和本草

▲1709年（附録は1715年）刊行の『大和本草』は、『本草綱目』を基礎に実地調査で得た知見などをふまえ、動物・植物・鉱物を合計1362種も解説している。

『大和本草 附録巻』
国立国会図書館 蔵

本草図譜

▲1828年に岩崎灌園がまとめた『本草図譜』。日本ではじめての本格的な彩色植物図譜とされる。

岩崎灌園『本草図譜 第1冊 巻9芳草類上之上』
国立国会図書館 蔵

和算の成立

和算は、江戸時代前期に『塵劫記』の刊行をきっかけに広まった。和算が日本独自のものとしてたしかなものになったのは、中国から伝わってきていた計算術を関孝和が改良し、独自の計算術をつくりだしたことによる。

1627年 塵劫記

吉田光由による書。田畑の面積計算や金銀の両替といった身近な内容や、ねずみ算・油分け算などの遊びをふくんだ内容から算術を紹介し、和算の発展のきっかけとなった。

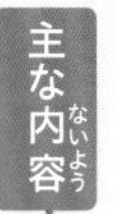

主な内容
- 九九の計算
- 面積の計算
- 割合の計算　など

1674年 発微算法

関孝和の書。中国から伝わった、方程式を立てて数値を求める計算術の天元術を発展させ、連立多元高次方程式の解法をしめした。また、わからない数を文字におきかえる方法を考案した。

主な内容
- 連立多元高次方程式の解法
- 和算における文字式の発明
- 円弧の長さや円の面積を求める方法の樹立　など

1712年 括要算法

関孝和の遺稿を弟子の荒木村英がまとめたもの。解が無数にある方程式（不定方程式）の解法や円周率の計算、円の面積・球の体積の計算など、関孝和の業績の多くがふくまれる。

主な内容
- 不定方程式の解法
- 多角形をつかった円周率の計算
- 円の面積や球の体積の計算
- 正多角形の辺と対角線の関係式　など

趣味としての和算

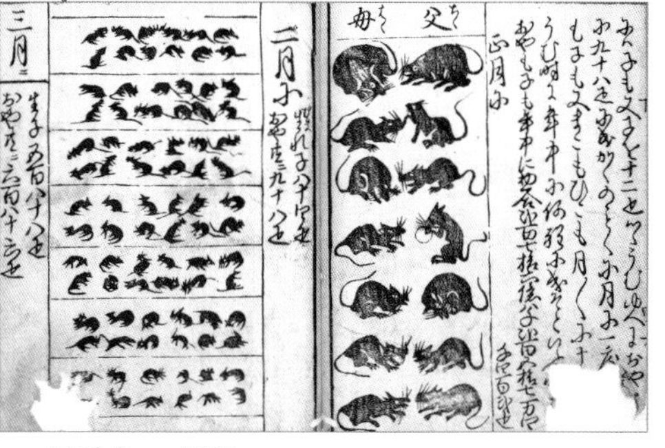

▲『塵劫記』に掲載されたねずみ算。ねずみが1か月ごとに何匹増えるかを、かけ算をつかって計算するもの。
吉田光由『塵劫記』
日本学士院 蔵

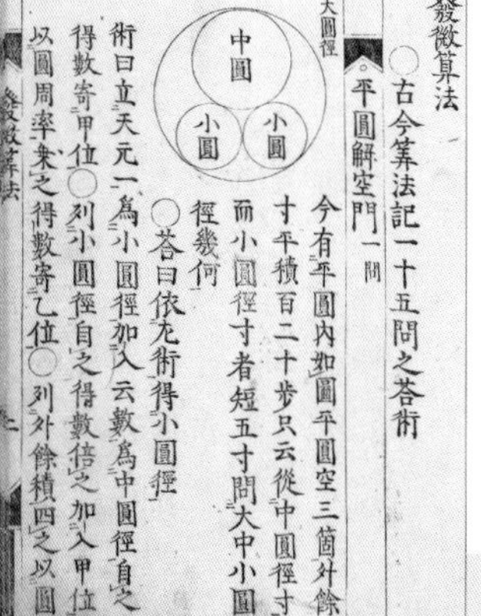

▶『発微算法』の解法のひとつ。大中小の円の直径について、6次方程式を立てて求めている。
関孝和『発微算法』
日本学士院 蔵

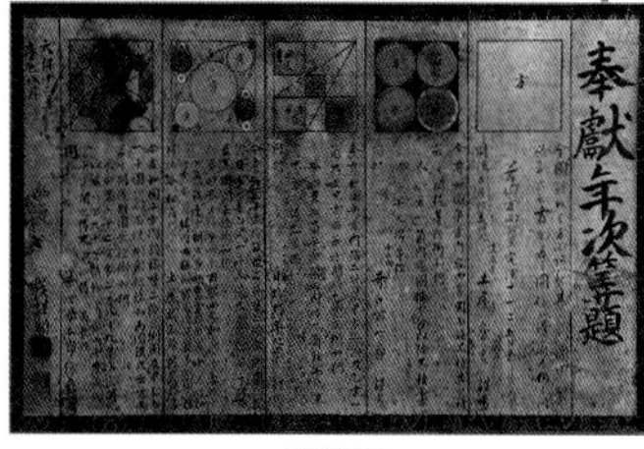

▶江戸時代後期になると和算家によって問題の出題と解答が楽しまれ、それが絵馬（算額）として神社に奉納された。
「田代神社奉納算額」
写真提供：養老町教育委員会

中国から伝わった計算法を改良するなど、日本の数学を独自のものとして発展させ、「算聖」とよばれた。

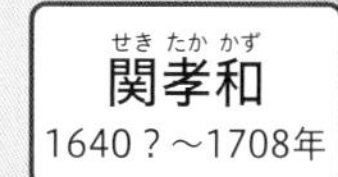

関孝和
1640？～1708年

「関孝和肖像」日本学士院 蔵

ものしりばなし 現代に通じる健康書 貝原益軒の『養生訓』

本草学者の貝原益軒は、本草学の書物だけでなく、健康についての書物ものこしています。1712年に刊行された『養生訓』というもので、健康に生活を送るための方法を、自分の体験をまじえてまとめています。内容は飲食や薬の使い方、老後のすごし方までさまざまな分野におよび、わかりやすい文章で書かれていることから、広く読まれました。現代でも現代語訳や解説書が出版されています。

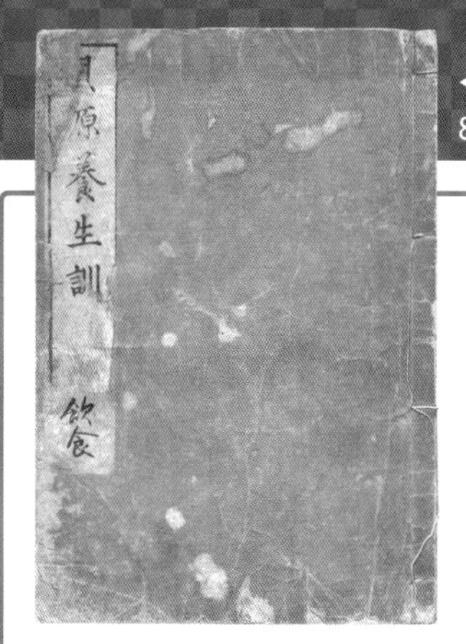

◀『養生訓』は、益軒が84歳のときに書かれた。

貝原益軒『養生訓巻第3 飲食上』
味の素食の文化センター 蔵（CC BY-SA 4.0）

内容（一部要約）
- 食べすぎ、飲みすぎはさける。
- むやみに薬を飲むとからだによくない。
- かかる医者はきちんと選ぶ。
- 心の健康はからだの健康につながる。

医学

江戸時代には、西洋の解剖書が多数入ってきたことから、それまで伝わってきた知識とはことなる、実際の人体の観察にもとづく医学が広まりました。

◆解剖からはじまった医学の発展

江戸時代の医学は、中国から伝わって日本で発展した漢方が主流でした。漢方では人体の構造が重視されず、五臓六腑説[*1]がとかれたほか、外科はあまり発達していませんでした。

漢方医の山脇東洋は五臓六腑説に疑問をもち、1754年に死体の腑分け（解剖）に立ち会って、観察の結果を『蔵志』にまとめました。その後も腑分けに参加する医師が次々にあらわれ、人体の理解が深まりました。傷やけがを治療する外科では人体の理解が根底にあり、腑分けの観察は外科の発展にもつながりました。

1774年には、杉田玄白や前野良沢らがオランダ語の解剖書を翻訳して『解体新書』を刊行しました。これは、1771年に小塚原で女囚の腑分けに参加した玄白らが、オランダ語の解剖書の正確さにおどろいて翻訳を決めたものです。『解体新書』の刊行以降、大槻玄沢や宇田川玄随などによって、いくつかの西洋の医学書・解剖書が翻訳され、西洋医学が発展していきました。

19世紀には、鳴滝塾・適々斎塾などの私塾や幕府が建てた病院付属の医学校である長崎養生所で多くの人が西洋医学を学びました。

解剖書の進歩

日本では漢方にもとづく五臓六腑説が広まっていたが、江戸時代中期になると西洋の医学書・解剖書が入ってきた。同じころに人体の解剖がおこなわれ、人体の構造が観察されると、実物に即した西洋の解剖書が翻訳されるようになった。

●五臓六腑説による解剖書

漢方でとかれていた五臓六腑説にもとづく解剖図。内臓どうしの関係などが重要視され、位置や形はあまり正確ではない。

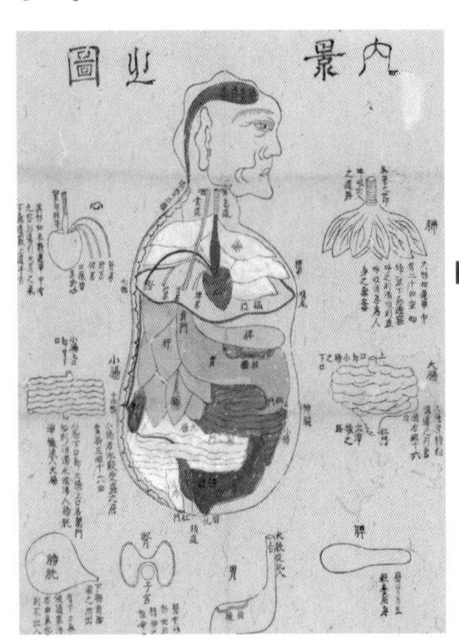

岡本一抱「人体内景之図」内藤記念くすり博物館 蔵

●日本初の解剖書

1759年に刊行された日本初の解剖書『蔵志』。腑分け（解剖）を観察した記録をまとめたもので、内臓などの位置は実物に近くなっている。

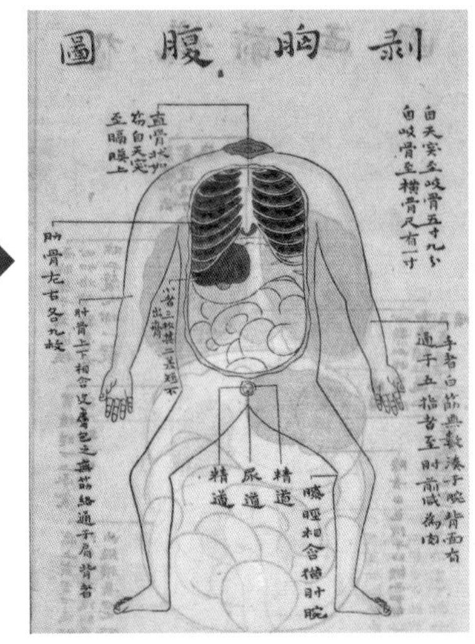

山脇東洋『蔵志』国立国会図書館 蔵

●西洋の知見をとり入れた解剖書

ドイツの解剖書『ターヘル・アナトミア』のオランダ語版を翻訳した『解体新書』。実際の人体とそっくりな内臓が細かくえがかれている。

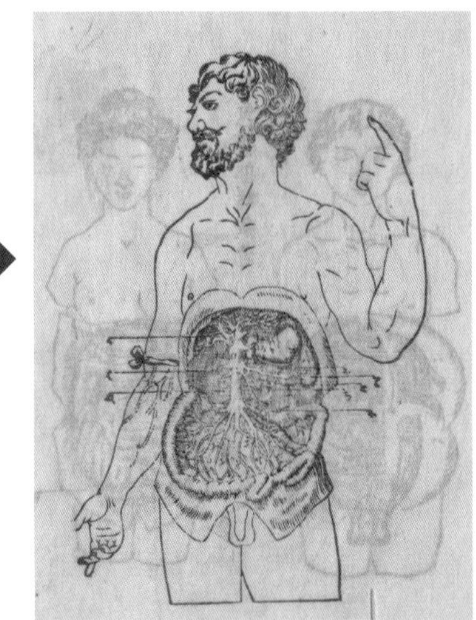

杉田玄白等 訳『解體新書 序圖』国立国会図書館 蔵

＊1五臓六腑説…内臓を五臓（肝・心・脾・肺・腎）と六腑（胆・小腸・胃・大腸・膀胱・三焦）とする考え。

西洋医学の広まり

18世紀末から、諸藩の藩校などで西洋医学を教えることが多くなった。幕府は1861年に長崎養生所を建てて、幕府や諸藩の医官に西洋医学を学ばせた。鳴滝塾や適々斎塾などの医学を教える私塾も設立され、多くの人が教えを受けた。

鳴滝塾

オランダ商館の医師として来日したドイツ人のシーボルトが長崎に開設。シーボルトは出島から鳴滝塾に通って、西洋医学のほか自然科学も教え、手術を実演することもあった。

フィリップ・フランツ・フォン・シーボルト
1796～1866年

◀日本でえがかれたシーボルトの肖像。
川原慶賀 画「シーボルト像」長崎歴史文化博物館 蔵

▲シーボルトが開いた鳴滝塾。診療所をかねていた。
成瀬石痴 画「鳴滝塾舎之図」長崎大学附属図書館経済学部分館 蔵

適々斎塾（適塾）

西洋医学をおさめた緒方洪庵が大坂に開設。はじめは西洋医学をおしえ、のちにさまざまな学問を教えるようになった。福沢諭吉や大村益次郎も入門していた。

緒方洪庵
1810～1863年

◀40歳の洪庵。このころは、天然痘を予防する種痘の普及に力を注いでいた。
南譲 画「緒方洪庵肖像」
大阪大学適塾記念センター 蔵

▲洪庵がオランダ語の医学書から翻訳した医師の心得。
緒方洪庵「扶氏医戒之略」大阪大学適塾記念センター 蔵

鳴滝塾の主な出身者

伊東玄朴 1800～1871年	天然痘の予防に有効な牛痘の利用を推進し、神田お玉が池に種痘所を開設した。西洋医学の医師としてはじめて、将軍や奥向きの人々を診療する医師になった。
高野長英 1804～1850年	シーボルトの追放後、かくれて江戸にもどり、町医者を開業。オランダ語の書物を翻訳し、日本初の生理学書『西洋医学枢要』にまとめた。のちに幕政批判の罪で処罰された。

適塾の主な出身者

佐野常民 1822～1902年	西南戦争中の1877年に博愛社を設立し、敵味方問わず治療をおこなった。のちに博愛社が日本赤十字社に改称すると初代社長をつとめた。
高峰譲吉 1854～1922年	アメリカでウイスキー製造のためにおこなった研究の過程で、でんぷんを分解する酵素のジアスターゼを発見。また、ウシの副腎からアドレナリンをとりだすことに成功した。

ものしりばなし　麻酔をつかった手術に成功　華岡青洲（1760～1835年）

紀伊国（現在の和歌山県）生まれ。京都にでて漢方と西洋医学の両方を学んだのち、帰郷して父の跡をつぎました。手術につかう麻酔薬をつくるために漢方を研究し、チョウセンアサガオなどを原料とする通仙散を開発します。通仙散を乳がん患者につかい、世界初の全身麻酔下での外科手術をおこないました。

▲青洲が考案した携帯用外科器具。
華岡青洲文献保存会 蔵

▲青洲の手術のようす。
『彩色奇患之図』華岡青洲文献保存会 蔵

天文学と測量術

江戸時代前期以降に発達した天文学は、主に新しい暦をつくるためのものでした。西洋の知識が入ってくると測量術も進歩し、正確な日本地図がつくられました。

◆改暦や測量にいかされた天文学

江戸時代はじめまでの日本では、800年以上にわたって中国の唐でつくられた宣命暦という暦がつかわれていました。しかし、800年あまりのあいだに暦と天体の動きのずれが大きくなっていたため、渋川春海(安井算哲)は中国の元でつくられた授時暦を天体観測の結果をもとに改良し、日本初の国産の暦である貞享暦をつくりました。これにより、春海は天文方という幕府の役職に任命されています。貞享暦をふくめて、江戸時代には合計で四度の改暦がおこなわれました。

18世紀末には西洋天文学の研究がさかんになり、当時の天文方だった高橋至時は、西洋天文学を学んで寛政暦をつくりました。寛政暦につづく天保暦も、西洋の知識をとり入れたものです。西洋の知識によって天文学が発展すると、地図をつくるための測量術も進歩しました。いまいる場所を正確にはかるためには、星の位置を観測することが欠かせないからです。伊能忠敬は至時に天文学を学び、1800年から全国の測量をおこなって、正確な日本地図をつくりました。

▶葛飾北斎の「富岳三十六景」にかかれた天文台。浅草にあったもので、寛政暦をつくった高橋至時などが観測をおこなった。

葛飾北斎 画「富岳三十六景 浅草鳥越の図」メトロポリタン美術館 蔵

江戸時代の四度の改暦

平安時代からつかわれてきた宣命暦は、少しずつ暦と季節にずれができ、江戸時代になると日食や月食の予想が外れるようになっていた。そのため、江戸時代を通して四度の改暦がおこなわれ、暦と天体の動きのずれは小さくなった。

862年～	宣明暦	中国の唐でつくられた暦。平安時代から800年以上にわたってつかいつづけられたため、江戸時代には大きなずれができていた。
1685年～	貞享暦	渋川春海がつくった暦。中国の元でつくられた授持暦をもとに、中国と日本の経度差を補正し、1日の長さの変化を取り入れたもの。
1755年～	宝暦暦	徳川吉宗の命令でつくられた暦。貞享暦を少し修正したものだったが、暦に入っていない日食がおこったことで、すぐに改訂された。
1798年～	寛政暦	高橋至時らがつくった暦。中国の書物から間接的に西洋天文学をとり入れた。暦と月の位置が、高い精度で対応するようになった。
1844年～	天保暦	江戸時代で最後につくられた暦。高橋至時の次男で天文方の渋川景佑らによる。西洋天文学に関する『ラランデ暦書』を翻訳し、翻訳本をもとに暦をつくった。

◀貞享暦をつくった渋川春海による天球儀。中国から伝わった星・星座のほか、春海自身の観測によって追加された星・星座もある。

国立科学博物館 蔵

▶天保の改暦の参考にされた『ラランデ暦書』。寛政暦をつくった高橋至時が翻訳をはじめ、至時の長男の景保が完成させて天保暦にいかされた。

国立天文台 蔵

伊能忠敬の全国測量

伊能忠敬は高橋至時から天文学を学び、地球の大きさをはかるためには大規模な測量が必要だと考えた。ロシアを警戒していた幕府の許可を得て1800年に蝦夷地の沿岸を測量し、その成果が認められて全国測量にむすびついた。

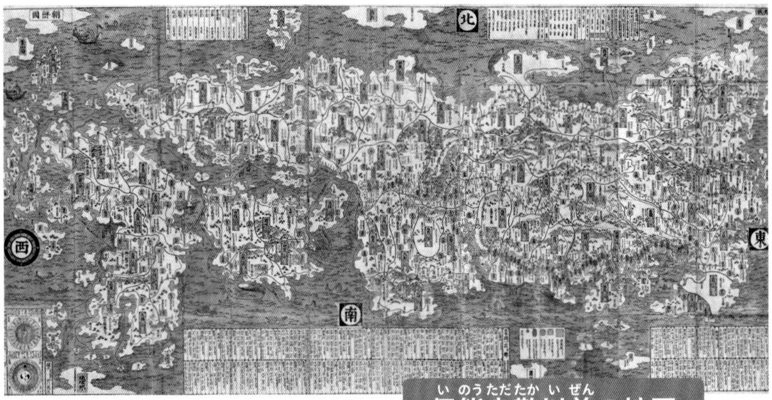

伊能忠敬以前の地図

▲1691年に刊行された日本地図。宿場町や名所の場所がしるしてあり、絵画的な要素が強い。

「日本海山潮陸図」国立国会図書館 蔵

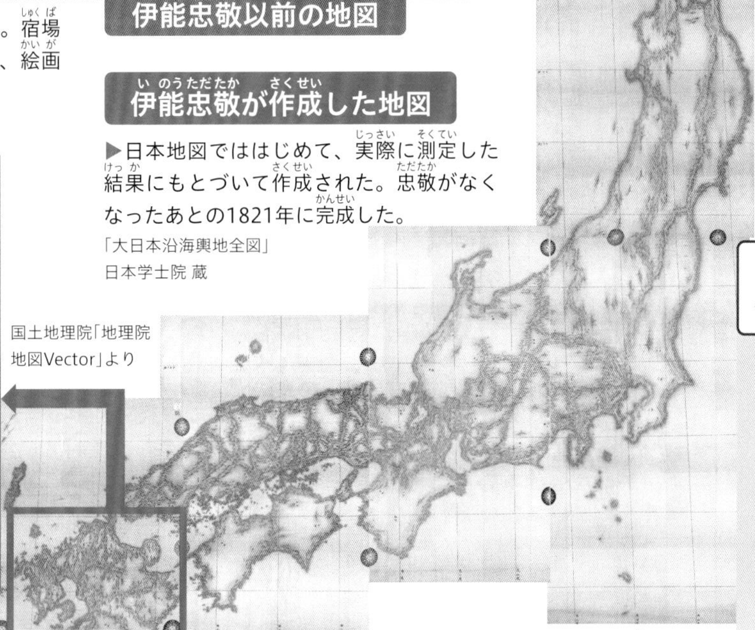

伊能忠敬が作成した地図

▶日本地図でははじめて、実際に測定した結果にもとづいて作成された。忠敬がなくなったあとの1821年に完成した。

「大日本沿海輿地全図」
日本学士院 蔵

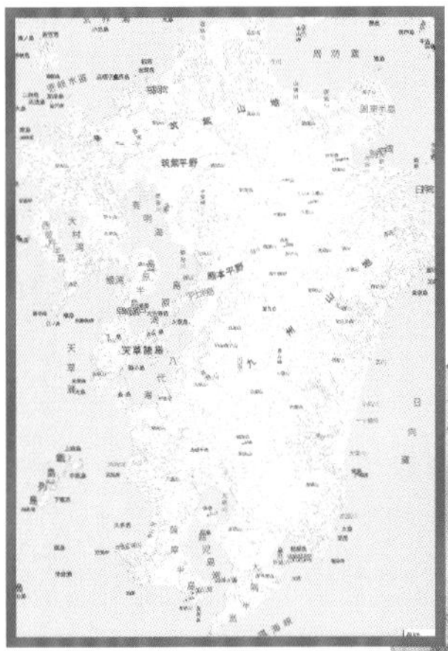

国土地理院「地理院地図Vector」より

▲▶忠敬の地図を現代の技術でつくられた九州の地図とくらべても、形にあまりずれはない。その正確さから、明治時代になってもつかわれていた。

伊能忠敬
1745～1818年

千葉県香取市
伊能忠敬記念館 蔵

50歳をすぎてから高橋至時に弟子入りし、天文学などを学んだ。至時の支援を受けて蝦夷地の測量をおこない、その後第10次まで日本全国を測量した。

▲方位と角度を測定する彎窠羅鍼。つえ先に方位磁石がとりつけてあり、前後の視準器のすき間から目標を見て、その方位・角度をはかった。つえがかたむいても方位盤は水平にたもたれる構造。

千葉県香取市伊能忠敬記念館 蔵

▲恒星の高度をはかる象限儀。これによって各地点の緯度を算出した。

千葉県香取市伊能忠敬記念館 蔵

伊能忠敬の測量術

伊能忠敬が全国測量でつかった測量術は、導線法とよばれる、日本に古くから伝わる方法だった。導線法では、海岸線や街道沿いに目標になる梵天という棒を立て、そのあいだの距離・方位・角度をはかる。全国測量にあたっては、少しの誤差が重なって大きくなるため、誤差を減らすための工夫がとられた。

誤差を減らす工夫

- 測量の精度を上げる精密な測量器具を考案して使用。
- 同じ場所を何度も測量し、平均値をとる。
- 天体観測により、各地の緯度と経度を測定する。

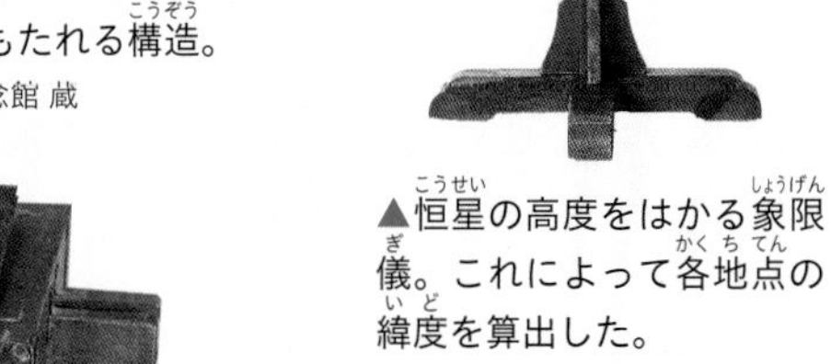

◀距離をはかる量程車。道によって結果が変わるため、あまりつかわれなかった。

千葉県香取市伊能忠敬記念館 蔵

江戸時代のさまざまな文化

6巻の本編であつかうことができなかった、江戸時代に生まれたり、発展したりした文化を紹介しています。

①衣服

江戸時代には、現在の和服のもととなった小袖が身分や男女を問わず広まった。素材はそれまで絹や麻が中心だったが、綿の栽培がさかんになり、庶民を中心に木綿の衣服が広まった。また、絵がらやもようには流行があり、遊女*1や歌舞伎役者などのファッションが庶民の衣服に影響をあたえることもあった。江戸時代には幕府がはでな服装をたびたび取りしまったことから、江戸では絣や縞などのシンプルなもようや、茶色や灰色などの渋い色合いが好まれるようになった。

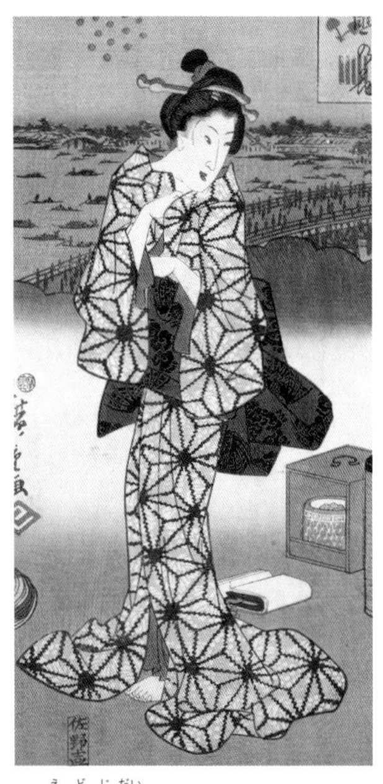

▲江戸時代後期にえがかれた、ゆかたを着た女性。江戸時代中期ごろから、庶民のあいだに木綿でできたゆかたが広まった。

歌川広重 画「江戸名所五性 両国の花火」国立国会図書館 蔵

▲江戸時代中期にえがかれた、絣の着物を着た女性。絣はあらかじめ染め分けた糸を織って、もようをあらわす織物。

歌川豊国 画「風流十二か月 六月」シカゴ美術館 蔵

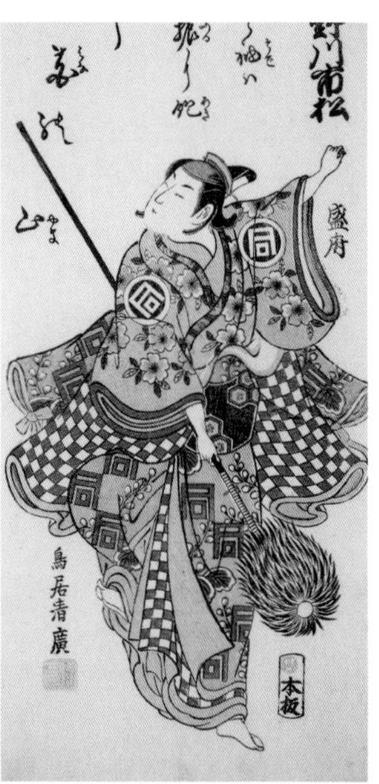

▲江戸時代中期に活躍した歌舞伎役者、初代佐野川市松。身につけた衣装のもようが人気となり、市松もようとよばれるようになった。鳥居清広 画「佐野川市松」シカゴ美術館 蔵

②化粧

庶民の女性が広く化粧をするようになったのは、江戸時代中期ごろとされる。肌をおしろいで白く塗り、くちびるやほほ、つめなどに紅花という花からつくる紅をつけた。化粧には流行があり、地域や身分によっても異なった。また、結婚した女性は歯を黒く塗る(お歯黒)、庶民の女性は子どもが生まれるとまゆをそる、公家など上流階級の女性は成長するとまゆをそってべつのまゆをひたいにえがくなど、身分や立場によるきまりもあった。

▲まゆのない女性がえがかれた、18世紀末の浮世絵。

喜多川歌麿 画「歌撰恋之部 物思恋」シカゴ美術館 蔵

▶江戸時代後期にえがかれた、おしろいをつける女性。文化・文政年間(1804～1830年)ごろに流行した、下くちびるを緑色に見せる笹色紅という化粧をしている。

渓斎英泉 画「美艶仙女香 式部刷毛」ミネアポリス美術館 蔵

*1遊女…お金と引きかえに男性をもてなす女性。

③園芸

17世紀末に庶民向けの園芸書が出版され、江戸時代中期には庶民のあいだに植物を育てたり、飾ったりする文化が広まった。なかでも場所をとらない鉢植えは、庶民でも気軽に楽しめるとして人気となった。江戸時代後期には菊がブームになるなど、時代ごとに流行があり、品評会もさかんにおこなわれた。

▶一本の菊に、百種類の菊を接ぎ木した「百種接分菊」を鑑賞する人々。江戸時代後期に、江戸の植木屋が実際につくった作品をえがいたもの。

歌川国芳 画「百種接分菊」国立国会図書館 蔵

④川柳

5・7・5の17音からなる、しゃれのきいた詩。江戸時代中期ごろ、江戸で俳諧の前句付け（出題された下の句に上の句をつける遊び）が人気となり、上の句だけが独立してできた。俳句のように季語を入れるなどの決まりはない。前句付けの点者（評価をする人）として有名になった柄井川柳（1718～1790年）から名づけられた。

江戸時代の川柳

これ小判たった一晩居てくれろ

▶庶民にとって大金だった小判によびかけている。

役人の子はにぎにぎをよく覚え

▶にぎにぎは、わいろのこと。

⑤囲碁・将棋

囲碁と将棋はどちらも中国で生まれたゲームで、古くから日本でも親しまれていた。江戸時代前期にそれぞれ家元[*2]の制度がつくられ、囲碁や将棋の技芸をもって幕府につかえる碁所、将棋所という役職がもうけられた。それまでは貴族や僧侶、武士のたしなみだったが、江戸時代中期以降、庶民のあいだにも広まり、各地に会所とよばれる囲碁や将棋を打つ場がつくられたり、指導書や棋譜[*3]がさかんに出版されたりした。

⑥三味線音楽

歌舞伎（➡P.22）や人形浄瑠璃（➡P.26）を通じて、常磐津や長唄（➡P.25）などの三味線音楽に親しむ人が増えた江戸時代後期、武士や町人のあいだで、趣味として三味線の演奏や唄を習うことが流行した。江戸時代後期から末期には、端唄や小唄とよばれる流行歌が庶民のあいだで人気となった。

▲常磐津の師匠に三味線を教わる親子。三味線の師匠には、女性がなることも多かった。

喜多川歌麿 画「常盤津の稽古」東京国立博物館 蔵
出典：ColBase（https://colbase.nich.go.jp/）

＊2家元…芸能や技芸のある流派を受け継ぐ家や、その当主。流派に所属する弟子たちを指導し、芸を伝える。
＊3棋譜…囲碁や将棋などのボードゲームで、対局の経過を記録したもの。

さくいん

ここでは、この本に出てくる重要なことばを50音順にならべ、そのことばについてくわしく説明しているページをのせています。

あ

か

さ

監修：小酒井大悟

1977年、新潟県生まれ。2008年、一橋大学大学院社会学研究科博士後期課程修了。博士(社会学)。2022年３月現在、東京都江戸東京博物館学芸員。専門は日本近世史。著書に『近世前期の土豪と地域社会』(清文堂出版、2018年)がある。

◆装丁・本文デザイン・DTP
五十嵐直樹・吉川層通・安田美津子
(株式会社ダイアートプランニング)
森孝史

◆指導
由井薗健(筑波大学附属小学校)
関谷文宏(筑波大学附属中学校)

◆イラスト
佐藤真理子

◆図版
坂川由美香(AD・CHIAKI)

◆校正
有限会社一梓堂

◆編集・制作
株式会社童夢

取材協力・写真提供

秋田県立近代美術館／石橋財団アーティゾン美術館／大阪観光局／大阪大学適塾記念センター／大阪大学附属図書館／大鹿村教育委員会／岡山県観光連盟／貝原家／株式会社高橋工房／京都大学附属図書館／久喜市教育委員会／慶應義塾図書館／公益社団法人 日本俳優協会／弘道館事務所／国際日本文化研究センター／国立科学博物館／国立劇場／国立天文台／国立文楽劇場／佐太神社／静岡市立中央図書館／松竹株式会社／田原市博物館／千葉県香取市 伊能忠敬記念館／東京都立中央図書館／東京都立中央図書館 特別文庫室／内藤記念くすり博物館／長崎大学附属図書館／長崎大学附属図書館経済学部分館／長崎歴史文化博物館／中村学園大学メディアセンター／名古屋城総合事務所／華岡青洲文献保存会／日光東照宮／日本学士院／人形浄瑠璃文楽座／日田市教育委員会／本居宣長記念館／本巣市観光協会／郵政博物館／養老町教育委員会

写真協力

株式会社フォトライブラリー／国立国会図書館デジタルコレクション／ピクスタ株式会社／ColBase（https://colbase.nich.go.jp)／Minneapolis Institute of Arts／Rijksmuseum Amsterdam／The Art Institute of Chicago／The Metropolitan Museum of Art

江戸時代大百科

6 江戸時代の文化

発行	2022年４月　第１刷
監修	小酒井大悟
発行者	千葉 均
編集者	崎山貴弘
発行所	株式会社ポプラ社
	〒102-8519　東京都千代田区麹町4-2-6
	ホームページ　www.poplar.co.jp(ポプラ社)
	kodomottolab.poplar.co.jp(こどもっとラボ)
印刷・製本	大日本印刷株式会社

ISBN 978-4-591-17288-9 ／ N.D.C. 210 ／ 47p ／ 29cm Printed in Japan

あそびをもっと、
まなびをもっと。

P7229006

江戸時代大百科

全6巻

セットN.D.C.210

監修：東京都江戸東京博物館 学芸員　小酒井大悟

◆社会科で学習する江戸幕府の支配体制や江戸時代の人々のくらし、文化などの内容に対応しています。

◆伝統工芸や伝統芸能など、江戸時代とかかわりの深い伝統的な文化についても知ることができます。

◆交通や産業、文化など、1巻ごとにテーマをもうけているため、興味のある内容をすぐに調べることができます。

◆多くの図表やグラフ、当時えがかれた錦絵などを活用し、具体的な数字やイメージをもとに解説しています。

1巻　江戸幕府のしくみ　N.D.C.210
2巻　江戸の町と人々のくらし　N.D.C.210
3巻　江戸時代の交通　N.D.C.210
4巻　江戸時代の産業　N.D.C.210
5巻　江戸時代の外交と貿易　N.D.C.210
6巻　江戸時代の文化　N.D.C.210

小学校高学年から　Ａ４変型判／各47ページ
図書館用特別堅牢製本図書

江戸時代のおもなできごと

この年表では、江戸時代におこったおもなできごとを紹介します。★は文化にかかわるできごとです。

将軍	年	おもなできごと
	1600	●オランダ船リーフデ号、豊後に漂着。乗組員だったイギリス人ウィリアム・アダムズとオランダ人ヤン・ヨーステンが家康に面会。 ●関ヶ原の戦いで徳川家康ひきいる東軍が西軍をやぶる。
家康	1603	●徳川家康が征夷大将軍となり、江戸幕府を開く。 ★出雲阿国が京都でかぶき踊りをはじめる。
	1604	●幕府が糸割符制度を定める。
秀忠	1605	●家康が征夷大将軍を辞任し、徳川秀忠が２代将軍になる。
	1607	●朝鮮の使節が日本を訪れる。 ●角倉了以が富士川の水路を開く。
	1609	●薩摩藩の島津家が琉球王国を征服。 ●対馬藩の宗家が朝鮮と己酉約条をむすぶ。 ●オランダが平戸に商館を設置。
	1610	●家康がメキシコへ使節を派遣する。
	1612	●幕府が直轄領にキリスト教を禁止する禁教令を出す。
	1613	●仙台藩の藩主・伊達政宗が慶長遣欧使節をヨーロッパに派遣。 ●幕府が全国に禁教令を出す。
	1614	●大坂冬の陣。
	1615	●家康が大坂夏の陣で豊臣家をほろぼす。 ●幕府が一国一城令を定める。 ●幕府が武家諸法度と禁中並公家諸法度を定める。
	1616	●家康死去。 ●幕府がヨーロッパの商船の来航を平戸と長崎に限定する。
	1617	★日光東照宮造営。
家光	1624	●幕府がスペイン船の来航を禁止。
	1629	●紫衣事件がおこる。
	1631	●幕府が奉書をもつ船以外の海外渡航を禁止する。
	1635	●幕府が外国船の入港を長崎に限定し、日本人の海外渡航・帰国を禁止する。 ●幕府が武家諸法度を改訂し、参勤交代の制度を確立させる。
家光	1636	●長崎に出島が完成。
	1637	●島原・天草一揆がおこる(～1638)。
	1639	●幕府がポルトガル人の来航を禁止。
	1641	●幕府がオランダ商館を平戸から長崎の出島に移転させる。
	1643	●幕府が田畑永代売買禁止令を出す。
家綱	1651	●幕府が末期養子の禁を緩和。
	1657	●江戸で明暦の大火がおこる。 ★徳川光圀が『大日本史』の編さんに着手。
	1669	●蝦夷地でシャクシャインの戦いがおこる。
	1671	●河村瑞賢が東廻り航路を開く。
	1673	●三井高利が江戸で呉服店、三井越後屋を開業。
綱吉	1684	★渋川春海が天文方に任命される。
	1685	●徳川綱吉が最初の生類憐みの令を出す。
	1688	★井原西鶴『日本永代蔵』刊行。
	1689	★松尾芭蕉が『おくのほそ道』の旅に出発。
	1694	●江戸で十組問屋が成立。
	1695	●荻原重秀の意見により金銀貨幣を改鋳。
	1697	★宮崎安貞『農業全書』刊行。
	1702	●赤穂事件がおこる。
	1703	★近松門左衛門『曽根崎心中』初演。
家宣	1709	●綱吉死去。徳川家宣が6代将軍となり、間部詮房と新井白石が登用される(正徳の治)。生類憐みの令を廃止。 ★貝原益軒『大和本草』刊行。
家継	1715	●幕府が海舶互市新令(長崎新令)を定める。
吉宗	1716	●徳川吉宗が8代将軍となり、享保の改革がはじまる。
	1720	●江戸に町火消「いろは47組(のち48組)」設置。
	1721	●幕府が目安箱を設置。 ●幕府が小石川薬園を設置。
	1722	●幕府が上米の制を定める。 ●幕府が小石川薬園内に養生所を設置。
	1723	●幕府が足高の制を定める。
	1732	●享保の飢饉がおこる。
	1742	●公事方御定書が完成。
家重	1758	●宝暦事件がおこる。
家治	1767	●田沼意次が側用人となる。 ●米沢藩の藩主・上杉治憲(鷹山)が藩政改革をはじめる。
	1774	★杉田玄白・前野良沢ら『解体新書』刊行。
	1776	★上田秋成『雨月物語』刊行。
	1779	★塙保己一『群書類従』の編さんに着手。